Cómo ayudar a tu hija a amar su cuerpo

Cómo ayudar a tu hija a amar su cuerpo

Brenda Lane Richardson - Elane Rehr

Las inseguridades de las adolescentes

ONIRO

Título original: *101 Ways to Help Your Daughter Love Her Body*
Publicado en inglés por HarperCollins Publishers, Inc.

Traducción de Elena Barrutia

Diseño de cubierta: Valerio Viano

Distribución exclusiva:
Ediciones Paidós Ibérica, S.A.
Mariano Cubí 92 - 08021 Barcelona - España
Editorial Paidós, S.A.I.C.F.
Defensa 599 - 1065 Buenos Aires - Argentina
Editorial Paidós Mexicana, S.A.
Rubén Darío 118, col. Moderna - 03510 México D.F. - México

© 2001 by Brenda Lane Richardson and Elane Rehr

© 2003 exclusivo de todas las ediciones en lengua española:
Ediciones Oniro, S.A.
Muntaner 261, 3.º 2.ª - 08021 Barcelona - España
(oniro@edicionesoniro.com - www.edicionesoniro.com)

ISBN: 84-9754-052-2
Depósito legal: B-1.570-2003

Impreso en Hurope, S.L.
Lima, 3 bis - 08030 Barcelona

Impreso en España - *Printed in Spain*

Con cariño para mi hija Carolyn, que piensa ser la primera
presidenta de Estados Unidos escritora, dibujante, surfista,
patinadora, *snowboarder*, guitarrista y jugadora de fútbol y voleibol.

Y con cariño para mi hija Danielle, cuyo valor y firmeza
le han permitido superar las pruebas más difíciles
de la vida, y seguirá inspirando a otros con su ejemplo. Se nota
que amas la vida.

Tan perfecto como las alas del arrendajo sobre tu cabeza o las pálidas estrellas que marcan tu nacimiento con una luz pura. Hija mía, no puedo darte nada tan perfecto o puro. Pero puedo darte algo mejor. Tu cuerpo... Y el gran amor por él que nadie te podrá arrebatar. Estas palabras te ayudarán a recordar ese amor.

Extracto de «History of the Body»,
de Linda Nemec Foster,
incluido en *I Am Becoming the Woman I've Wanted*

ÍNDICE

AGRADECIMIENTOS

Brenda Lane Richardson

Este libro no habría sido posible sin la visión y el duro trabajo de Gail Winston, editora de HarperCollins. También quisiera dar mis más sinceras gracias por su ayuda a mi marido, el reverendo W. Mark Richardon, a mis hijos, H. P. y Mark Jr., a mi hija Carolyn y a Elane Rehr por su sabiduría y su valor. Y por último debo expresar mi agradecimiento a Christine Walsh, ayudante de edición, por su inteligencia, su buen humor y su dedicación.

Elane Rehr

Me gustaría agradecer el extraordinario esfuerzo de Brenda Lane Richardson, que afrontó todo tipo de obstáculos, y de Gail Winston, nuestra editora, que nos proporcionó una orientación crucial y una gran motivación. También quisiera dar las gracias a mi marido, Howard Davis, y a mi hijo Deren por todo su apoyo y su amor.

INTRODUCCIÓN

Por qué nuestras hijas necesitan nuestra ayuda

Como madres de hijas adolescentes iniciamos este libro mucho antes de comenzar a escribirlo. Nos conocimos en 1994, cuando nuestras hijas coincidieron en la clase de tercero en Piedmont, California, y enseguida nos dimos cuenta de que teníamos intereses comunes. Elane ha impartido psicología femenina y adolescente en la universidad de Diablo Valley durante más de treinta años, y Brenda, periodista desde 1970, ha escrito cinco libros de autoayuda de tema psicológico.

Como a muchos padres, nos inquietaban los informes sobre la pérdida de autoestima en las adolescentes —en gran parte como consecuencia de las presiones sociales sobre el cuerpo femenino— y nos preocupaba que a nuestras hijas les afectase este fenómeno. Sabemos que el problema no se limita a las chicas y que en la sociedad occidental se da demasiada importancia al aspecto físico en general. Pero los problemas de imagen son más habituales entre las chicas, y parecen ir en aumento. A una edad en la que sus oportunidades son ilimitadas, el hecho de que se preste tanta atención a lo exterior las puede condicionar con mucha facilidad.

A pesar de nuestros esfuerzos para convencer a nuestras hijas de que podrían conseguir cualquier cosa, sabíamos que los estereotipos sociales podían minar su autoestima. Así pues, nos dedicamos a leer libros sobre el tema y comenzamos a asistir a talleres para padres y grupos de debate. Pero nos quedamos decepcionadas al descubrir que en la mayoría de las charlas sobre autoestima femenina, aparte de unas cuantas ideas trilladas, apenas había recomendaciones relacionadas con el cuerpo. Esta escasez de sugerencias prácticas la interpretamos como una resignación por parte de los profesionales de que, en el terreno de la adolescencia, los problemas corporales son prácticamente inevitables.

No podíamos aceptar esa situación, sobre todo teniendo en cuenta la cantidad de factores que impiden que las chicas amen su cuerpo. Las adolescentes reciben más de mil mensajes visuales y auditivos cada día. Al entrar en una tienda ven un expositor lleno de revistas con imágenes de ordenador de cuerpos femeninos desnutridos con largas piernas y ropa escasa. Los autobuses anuncian una película de un actor canoso con una jovencísima «acompañante» a sus pies; más arriba hay un cartel inmenso de Banana Republic. Y su casa no es necesariamente un refugio, sino una extensión de este bombardeo comercial. Un anuncio televisivo promociona una comida rica en grasa, y el siguiente recomienda un producto para adelgazar. En las series para adolescentes eligen a las chicas gorditas para hacer comentarios graciosos, mientras que las delgadas son las que seducen. La radio e Internet crean más confusión aún, con canciones como «Push», de Matchbox 20, sobre una chica a la que rechaza todo el mundo.

Estábamos decididas a encontrar el modo de guiar a nuestras hijas —que rebosaban energía y entusiasmo— por el complejo laberinto de la sociedad. Y sabíamos que la autoestima es sólo un término vacío si no incluye un profundo amor por el cuerpo. Al hablar de amor o estima corporal no estamos hablando de narcisismo. Aprender a amar el cuerpo significa tratarlo con respeto, hacer las paces con el aspecto físico personal y sentirse bien con él. La estima corporal permite a las chicas actuar con determinación y dar sentido a su vida. No se trata de que se sientan satisfechas continuamente, sino de que proyecten su valía en su fuerza interior en lugar de en las apariencias. De ese modo podrán considerar su cuerpo como un todo saludable y no como un conjunto de piezas distorsionadas que se debe adornar y exhibir.

Año tras año, mientras continuábamos buscando soluciones prácticas para nuestras hijas, todo indicaba que íbamos por buen camino porque seguían creciendo seguras, apasionadas y llenas de alegría. Pero de repente la vida nos planteó un duro reto. En 1999, a la hija de Elane, Danielle, le diagnosticaron un tipo de leucemia muy agresivo. En determinado momento había tan pocas esperanzas que la enviaron a casa para que pasara dos semanas con sus seres queridos por si acaso moría durante el transplante. Entonces Brenda llamó a

Elane para sugerirle que aplazaran el proyecto de su manuscrito. Después de todo, pensó Brenda, ¿qué importancia tiene un libro en una situación como ésta?

Pero Elane insistió en que continuaran con su trabajo y dijo: «Este libro es algo más que una tesis interesante. Refleja cómo hemos educado a nuestras hijas para que nada —ni la sociedad, ni la gente, ni siquiera nosotras— pueda inculcarles ideas erróneas sobre su aspecto y su forma de ser. Queríamos protegerlas de amenazas evidentes como las drogas, el alcohol, el sexo y la obsesión por el peso. Pero ahora que Danielle está librando esta batalla me he dado cuenta de que al ayudarlas a amar su cuerpo también las hemos ayudado a fortalecer su espíritu. Por eso mi hija va a vencer esta enfermedad».

Nos alegra decir que Elane tenía razón. El cáncer de Danielle está remitiendo. Ha vuelto al colegio y a su equipo de fútbol, y además de dedicarse a la natación ahora tiene un calendario académico y social más intenso. Pero ha conseguido algo más. Su valor y su vitalidad han impulsado la creación de un grupo local de voluntarios que ayuda a otros adolescentes con enfermedades graves.

La hija de Brenda, Carolyn, que también tiene quince años, ha afrontado otro tipo de obstáculos, incluido el traslado de su familia en 1999 de un pueblo acogedor del norte de California al centro de Nueva York. Desorientada y afligida por la pérdida de sus amigos de la infancia, Carolyn intentó consolarse comiendo y comenzó a tener problemas de peso. Afortunadamente se ha beneficiado de muchas de las técnicas que se incluyen en este libro y ha identificado los problemas que provocaron su desajuste emocional. Ahora se encuentra de nuevo en forma y con muchas ganas de vivir.

Sean cuales sean los retos que tenga que afrontar tu hija recuerda que necesita tu ayuda. Nuestras hijas no están preparadas para soportar la presión de una sociedad en la que el cuerpo femenino se trata como un objeto. Jean Kilbourne, que estudia los efectos de los medios de comunicación en la imagen pesonal, cree que valoramos menos a los seres humanos si estamos rodeados de representaciones objetivadas de ellos. Kilbourne afirma que «el primer paso para justificar la violencia contra un ser humano es considerar a esa persona como un objeto».[1]

La objetivación podría explicar por qué las mujeres son con tanta frecuencia víctimas de la violencia sexual. Dos casos impresionantes captaron la atención pública: En junio de 2000, un domingo por la tarde en Central Park, más de cincuenta mujeres, entre las que había al menos dos adolescentes de catorce y dieciséis años, fueron importunadas, perseguidas y en algunos casos atacadas y sodomizadas por grupos de jóvenes exaltados.[2] Las víctimas fueron elegidas por su género. Algunos jóvenes de la multitud actuaron como «seleccionadores» indicando a los demás las mujeres que les parecían sexualmente atractivas.[3]

Siete meses después, en una serie de incidentes ocurridos en los condados de Nassau y Suffolk y en la ciudad de Wallkill, varios policías fueron acusados de detener en la carretera a mujeres que consideraban atractivas y de obligarlas a desnudarse o a practicar sexo oral; otras mujeres declararon que fueron sodomizadas o violadas. Un profesor de derecho criminal describió estos incidentes como casos de «conducción femenina».[4]

A lo largo del país, infinidad de mujeres participan en dramas privados y consentidos con un mensaje similar: Las mujeres son objetos sexuales para el placer de los hombres. En una próspera ciudad del norte de California, a pesar de la oposición de los padres y las autoridades educativas, se sigue celebrando una tradición infame, la fiesta de las putas y los chulos, en la que las chicas se visten como prostitutas y los chicos, presumiendo de machos, fingen que son sus chulos. Aunque muchas de estas chicas pertenecen a algunas de las «mejores» familias, no debería sorprender que se sometan a ese trato humillante. Los psicólogos hablan de un fenómeno llamado «identificación con el enemigo», en el que los maltratados comienzan a adoptar las ideas y las actitudes de quienes los maltratan. Ésta es una de las razones por las que hay tantos casos de abnegación entre las adolescentes.

En Raleigh, Carolina del Norte, Samantha* —una muchacha de trece años muy delgada, con la cara llena de pecas— afirma que ha probado un montón de dietas «porque odio tener el trasero como si fuera un cerdo. Cuando termina el invierno normalmente tengo que ponerme los pantalones cortos de la talla 36». Para recuperar su «tipo de modelo», Samantha corre todos los días con su madre por la mañana y pega fotografías de la cantante pop Britney Spears en el espejo para motivarse. «Cuando abulto más que Britney sé que estoy gorda», añade.

* Por razones de confidencialidad, en algunos casos hemos cambiado los nombres y los datos biográficos de las personas cuyas historias se incluyen en este libro.

16

Evidentemente no es la única que necesita compararse con las imágenes que presentan los medios de comunicación. Hace unos años, Sara Shandler, que entonces tenía dieciséis, comenzó a preocuparse por la influencia negativa que tenían las imágenes comerciales en las chicas de su edad. Su conciencia se despertó con el best-séller de Mary Pipher *Cómo ayudar a su hija adolescente*, que hizo sonar la alarma respecto a los efectos perniciosos de la publicidad, el materialismo y las inseguridades de las adolescentes. Shandler se puso en contacto con otras chicas de todo el país y les pidió que escribieran sobre sus experiencias para un libro que esperaba compilar. Cuando empezaron a llegar las cartas que acabarían configurando el best-séller *Ellas hablan solas*, Shandler comprobó que, por iniciativa propia, veinte jóvenes habían enviado textos en los que se hacía referencia al entorno patológico creado por el bombardeo de imágenes visuales de cuerpos «perfectos».[5]

Sus inquietudes están corroboradas por varios estudios que asocian la creciente insatisfacción con el aspecto físico con los cuerpos escuálidos que reflejan los medios de comunicación. Las revistas, la publicidad, la televisión y las películas occidentales parecen crear la necesidad de tener una figura esbelta.[6] En un estudio realizado con mujeres egipcias de las universidades de El Cairo no se encontraron casos de trastornos alimentarios, pero cuando los investigadores se centraron en las egipcias que estudiaban en Inglaterra —donde también hay un bombardeo continuo de imágenes comerciales— comprobaron que el 12 por ciento padecía este tipo de trastornos.[7] Y cuando los programas de televisión occidentales se introdujeron en las islas Fiji se produjo un aumento de los trastornos alimentarios.[8] En Estados Unidos una de cada seis adolescentes presenta síntomas de bulimia o anorexia.[9] Aunque a estas chicas se las considera «enfermas» porque se ven «gordas», en realidad están respondiendo a una percepción distorsionada del aspecto que deberían tener según los cánones sociales.

Pero los medios de comunicación no son los únicos culpables. El estereotipo de la delgadez es tan ubicuo que incluso las relaciones más informales pueden hacer que las adolescentes se sientan presionadas. En San Luis nos contaron la historia de Sissy, de diecisiete años, cuyos amigos se quedaron asombrados en el baile de fin de curso cuando Javier, el chico más guapo del instituto, la sacó a bailar. Sissy pensó que estaba soñando cuando se acercó a ella. Pero no tenía ninguna intención de conquistarla, porque entonces le susurró

17

al oído: «Te he pedido que bailes conmigo para decirte que metas la tripa. La tienes hacia fuera».

El ataque contra el cuerpo femenino es tan agresivo en la cultura occidental que ha afectado ya a las relaciones de Sasha, inmigrante rusa de treinta y dos años, y su hermana de catorce. Sasha, que adelgazó nueve kilos en seis meses tras llegar a Estados Unidos, dice: «Mi hermanita tiene los brazos fofos y los muslos llenos de celulitis». Cuando un día la vio prepararse para una cita le escandalizó que su madre la animara a ponerse un vestidito de manga corta. Entonces ella le dijo que «se tapara las gorduras», y su hermana comenzó a llorar y la echó de la habitación. «Parecía que era yo la que estaba loca», comenta Sasha.

No nos sorprendimos al comprobar que la mayoría de las conversaciones relacionadas con el aspecto físico se dan entre madres e hijas. A Doris, una dependienta de Michigan, le parece estupendo que su hija de doce años, Kim, que tiene tendencia a engordar, se preocupe por mantenerse delgada. Kim toma una bebida adelgazante a la hora de comer y luego va corriendo a la piscina municipal para quemar calorías. «La he enseñado a cuidar su peso. La vida puede ser muy dura si estás gorda», dice Doris.

Este tipo de conversaciones afectan incluso a las niñas. Según un estudio realizado por Joan Chrisler, profesora de psicología de la Universidad de Connecticut, el 68 por ciento de un grupo de alumnas de quinto curso afirmaron que les daba miedo estar gordas.[10] El problema es que aunque queramos a nuestras hijas y deseemos lo mejor para ellas, hay tanta gente que considera su cuerpo imperfecto que no está preparada para ayudar a las niñas a amar su cuerpo. ¿Cómo podemos enseñar a nuestras hijas a amar su cuerpo si nosotras no hemos aprendido a amar el nuestro?

Este fenómeno social es relativamente nuevo. Cuando nuestras abuelas eran jóvenes sus ideales estéticos eran mucho más reales. Es cierto que ya se hacían dietas a comienzos del siglo XX, pero aún se daba más importancia al carácter y a la belleza interior que al aspecto exterior. Era un mundo diferente.

Nuestras abuelas vivían en entornos familiares cercanos y comunidades estables llenas de mujeres con distintos tipos de cuerpos. También soñaban con el amor y la pasión, pero sus sueños estaban inspirados por la radio y la literatura. Esos ideales eran ante todo un producto de la imaginación personal. Como oyentes y lectoras imaginaban a una heroína y adaptaban esa imagen a una amplia gama de aspectos físicos basados en las mujeres que conocían: tías altas y corpulentas seguras de sí mismas; hermanas rollizas con las mejillas sonrosadas; una profesora favorita muy delgada.

Esas imágenes se redujeron cuando Hollywood comenzó a buscar una figura que quedara bien en la gran pantalla y más tarde en televisión, medio en el que los actores parecen más gordos de lo que son. Algunas alcanzamos la mayoría de edad cuando se puso de moda tener curvas, como Marilyn Monroe (que en persona era mucho más pequeña de lo que imaginaban sus admiradores. Cuando se subastaron sus objetos personales en la década de los noventa, se comprobó que su ropa era demasiado pequeña para algunas mujeres de la talla 40). Para cuando las madres de las adolescentes actuales llegaron a la pubertad las pautas habían cambiado. La popularidad de las modelos era cada vez mayor, y Twiggy se convirtió en un arquetipo junto con una legión de actrices de aspecto masculino.

Ahora los medios de comunicación intentan promocionar una imagen que pueda captar la atención para vender un producto. Con una altura mínima de uno setenta y un peso de cuarenta y cinco a cincuenta kilos, las modelos son un 23 por ciento más delgadas que el 75 por ciento de las americanas, que pesan una media de sesenta y cinco kilos y miden uno sesenta y dos o menos.

Aunque muchas seamos conscientes de esta realidad hemos seguido luchando contra nuestro cuerpo. Y puesto que la figura ideal es cada vez más delgada es una batalla perdida. Desde 1921, el peso medio de Miss América ha disminuido un 12 por ciento. Y a mediados de los setenta el índice de masa corporal (IMC) cayó por debajo del 18,5, nivel que la Organización Mundial de la Salud considera peligroso. (El IMC, que se calcula dividiendo el peso de una persona por su altura, refleja el grado de salud en relación con el peso.[11])

Sin embargo muy pocas de estas chicas consiguen tener un tipo esbelto de forma natural. En 1979, la concursante media de Miss América hacía catorce horas de ejercicio a la semana, y algunas hasta treinta y cinco.[12] Pero no se puede culpar a estas mujeres por preocuparse por su figura. Aunque los estudios médicos indican que es más arriesgado tener un 15 por ciento de falta de peso que un 15 por ciento de sobrepeso, según los cánones occidentales pesar poco es un síntoma de buena salud.

Este problema no es exclusivamente femenino. Cada vez hay más hombres que se esfuerzan por mantenerse en forma. Pero la obsesión por tener un

19

cuerpo «perfecto» se da con más frecuencia entre las mujeres. En un estudio realizado en 1985 con 260 estudiantes de UCLA, el 27,3 por ciento de las mujeres, y sólo el 5,8 por ciento de los hombres, afirmaron que les «aterraba» engordar. Por otro lado el 35 por ciento de las mujeres, frente al 12,5 por ciento de los hombres, dijeron que se sentían gordas aunque la gente opinara que estaban delgadas. Además las mujeres deseaban pesar cinco kilos por debajo de su peso habitual, mientras que los hombres se conformaban con perder medio kilo.[13]

Por desgracia, la obsesión por la figura pasa de madres a hijas. Los padres también tienen un papel importante en la relación de sus hijas con la comida y con su cuerpo. Los expertos han asociado los problemas graves de peso en niños pequeños con padres que hacen dietas continuamente.[14] Pero debido a que las madres y las hijas tienen un cuerpo similar son ellas las que más influyen psicológicamente en cómo se ven las niñas. Hay que añadir que también pueden influir de forma positiva en la imagen corporal de sus hijas, pero es algo que no siempre ocurre.

Roxanne, una ejecutiva rellenita de treinta y seis años, tiene una hija de once con trece kilos de sobrepeso. «Me da tanto miedo que estoy pensando en quedarme en casa para controlar lo que come. Cada vez que intento decirle que está engordando mucho se pone furiosa», confiesa.

Lo último que quería Roxanne era tener conflictos de este tipo. Cuando era pequeña discutía con su madre a todas horas por la comida, y si cierra los ojos aún puede oír su voz: «Ya está bien. Has comido más que suficiente». Roxanne acabó siendo una niña obesa, y ahora, después de todos estos años, su hija pesa más que ella a la misma edad. «No lo entiendo. Ha crecido viendo cómo me esforzaba para perder peso. ¿Por qué lo está haciendo? ¿Por qué no acepta mi ayuda antes de que sea demasiado tarde?», dice suspirando. Como Roxanne, muchas mujeres están descontentas con el cuerpo de sus hijas y les frustra que sean incapaces de hacerles la vida más fácil. Aunque intenten verlas como personas independientes, muchas proyectan sus problemas en las experiencias de sus hijas. También los padres participan en estos conflictos familiares, a veces de forma cruel tomando el pelo a sus hijas o provocando enfrentamientos de manera más sutil. Varias mujeres nos dijeron que solían discutir con sus maridos porque les molestaba que sus hijas no estuvieran más delgadas. Kenneth, de cuarenta y tres años, reconoce que cuando su hijo estaba gordo lo animaba diciéndole que si continuaba haciendo deporte y comiendo bien acabaría teniendo un cuerpo perfecto. Y así fue. Para los doce años era un niño alto y delgado, como cabía esperar. Pero cuando su hija engordó Kenneth se puso furioso. «Me hizo recordar que de pequeño tuve una madre gorda, y me daba mucha vergüenza. Un chaval solía taparse la nariz cada vez que pasaba. Nunca he salido con una mujer gorda y, para ser sincero, me pongo enfermo cuando veo comer a mi hija. He tirado todas las galletas, las patatas y los refrescos. Y voy a quitarle la televisión. No soporto verla sin hacer nada. Mi mujer dice que estoy loco. Y reconozco que no soy racional en lo que se refiere al aspecto físico de mi hija.»

En otros tiempos las familias pugnaban por la virginidad de sus hijas. Ahora la pelea se centra ante todo en su figura. Pero en cualquier caso son las hijas las que sufren porque sus padres las consideran un reflejo de su estatus social o las juzgan por la talla que utilizan. Las presiones familiares para perder peso suelen incluir un padre o una madre que critican su cuerpo o el de los demás con la esperanza de que sus hijas capten el mensaje y se mantengan delgadas.

Irónicamente, cuanto más se presiona a un niño para que adelgace más puede comer para aliviar la sensación de no sentirse querido o aceptado. No estamos diciendo que la solución sea dejar que los niños coman sin reservas. Deberíamos animarlos a estar en forma y mantenerse sanos. Pero basta con mirar las estadísticas para comprobar que la presión para «guardar la línea» no compensa. Aunque en el terreno del aspecto físico se presta una gran atención a las chicas que arriesgan su vida comiendo poco, son muchas más las que sufren por comer en exceso. Unos seis millones de niñas tienen problemas de salud a causa de su sobrepeso, y alrededor de cinco millones más rozan el límite de la obesidad.[15] No se trata de que estén un poco más gorditas que las de otras generaciones. En Estados Unidos el índice de obesidad infantil aumentó un 100 por ciento entre 1980 y 1994.[16] Este libro no es un manual de dietas, pero habría sido imposible tratar el tema de la estima corporal sin subrayar la necesidad de una forma de vida sana, que incluye enseñar a las niñas a comer con una actitud de aceptación. Si están en paz con su cuerpo no necesitarán castigarse, ya sea comiendo mucho o poco, tomando sustancias nocivas o adoptando comportamientos peligrosos.

Los padres suelen pedir consejo con frecuencia para hablar a sus hijas del exceso de peso. Muchos de estos padres han sufrido muchísimo, pero nunca «han dicho una palabra» a sus hijas porque no quieren hacerles daño. Sin embargo, cuando hay una situación conflictiva el silencio nunca es una respuesta adecuada. En una sociedad que da tanta importancia a la imagen las niñas saben si las consideran gordas, y sin duda alguna saben si sus padres las ven de esa manera. Puesto que la situación de cada familia es diferente no podemos dar pautas generales, pero hemos diseñado una serie de estrategias que te ayudarán a mantener conversaciones íntimas con tu hija. De este modo crearás en tu casa un entorno emocional que le permitirá hablar de su cuerpo con libertad. Y tú te sentirás segura al saber que tienes las respuestas adecuadas.

Este libro de consejos y actividades va dirigido a las madres, pero en ningún caso se debe utilizar como excusa para llevar una vida ajetreada. También hemos incluido sugerencias específicas para padres, y esperamos que lean la obra íntegra. Además de desempeñar un papel importante en la educación de sus hijas, al igual que las madres pueden influir en la imagen que tienen las niñas de sí mismas. Por otro lado encontrarás sugerencias para ayudar a tu hija a crear unos hábitos saludables que le permitirán tratar su cuerpo con cariño. Muchas de estas sugerencias sólo exigen un cambio de actitud. Pero también hay una serie de actividades que tu hija puede realizar sola o con otros adultos, incluidos abuelos, padrinos, hermanas mayores, amigas, cuidadores, profesores y monitores. Si quieres puedes anotar los nombres de otras personas significativas para recordar quién puede resultar más útil en cada caso.

Como podrás comprobar, a la mayoría de la gente le interesarán las ideas que se presentan en este libro. Porque también ellos serán capaces de imaginar la posibilidad de que las jóvenes del futuro se sientan tan seguras con su cuerpo como con su capacidad profesional. Piensa en el poder que pueden tener estas mujeres en el mundo gracias a los logros del movimiento feminista. Ésta es la transformación que se reivindicaba en *Cómo ayudar a su hija adolescente*. Al lado de nuestras hijas, te animamos a unirte a nosotras para dar el siguiente paso.

I. MÁS ALLÁ DE LAS NANAS

Cómo infundir bienestar corporal a las más pequeñas

Aunque los niños no entiendan necesariamente nuestras palabras, sabemos que pueden interpretar nuestro lenguaje corporal y nuestro tono de voz e incluso comprender nuestras reacciones por la forma en que les hablamos y los tocamos. Los mensajes que reciben durante los primeros siete años de vida no se olvidan; de hecho se convierten en pautas duraderas en su sistema nervioso central. Esto significa que podemos proporcionar a nuestras hijas recuerdos imborrables de tranquilidad y bienestar corporal.

1. Aprende a darle masajes

Como madre ya sabes que no hay nada más reconfortante para tu bebé que el contacto contigo. Si ésta es la forma de transmitir amor y tranquilidad más íntima y poderosa, ¿por qué no perfeccionas algo que sabes que funciona?

Los masajes, que alivian la tensión, estimulan el flujo sanguíneo y relajan el sistema nervioso, le ayudarán a tu hija a sentirse bien con su cuerpo desde el principio. Miles de padres han aprendido ya a dar masajes a sus bebés, y también tú puedes hacerlo acariciando con cariño la piel, los músculos, los tendones y los ligamentos de tu hija.

«Cuando los niños lloran probamos de todo —les cambiamos el pañal, les damos de comer, les hacemos eructar, les acunamos— pero nada parece funcionar», explica Christine Sutherland, una veterana masajista de Nelson, Canadá. Sutherland ha enseñado a muchos padres a dar a sus bebés masajes reconfortantes. Pero además de enseñar estas técnicas las puso en práctica con su hija Crystal. «Recuerdo que cuando le masajeaba los bracitos, la espalda, los brazos y los pies se relajaba y eliminaba toda la tensión. Sabía que podía sentir que aceptaba su cuerpo de un modo instintivo.»

Hay pruebas que confirman que el instinto materno de Sutherland tiene resultados positivos. Según algunos estudios, los masajes reducen el nivel de cortisol —la hormona del estrés—, lo cual puede ayudar a fortalecer el sistema inmunitario de los niños. Además se ha comprobado que los bebés a los que se da masajes ganan peso con más rapidez que los demás.[1]

Los masajes también se pueden utilizar para quitar el chupete a los niños a partir de los seis meses. Varios estudios han asociado el uso continuo del chupete con las infecciones de oídos en niños de más de seis meses (aunque se recomienda para ayudar a dormir a los más pequeños y para reducir el riesgo de muerte súbita).[2]

Si decides aprender a dar masajes a tu hija anima a tu marido a hacer lo mismo. Algunos padres han descubierto que dando masajes a sus hijas se sienten más cómodos al cogerlas en brazos. Si su padre está relajado, tu pequeña se sentirá también mejor.

La hija de Sutherland ya va a la universidad, pero aún le gusta que su madre le dé un masaje todas las semanas. Sutherland dice que durante la adolescencia, cuando las amigas de Crystal estaban obsesionadas con su aspecto físico, «ella se encontraba en paz con su cuerpo. Se sentía guapa». Sutherland atribuye esta actitud al hecho de que le diera masajes desde muy pequeña. «Cuando un niño siente el tacto de un ser querido puede aceptar su cuerpo.» Por esta misma razón, se ha comprobado que los masajes son beneficiosos para tratar la anorexia.

¿Cómo puedes aprender a dar masajes a tu bebé? Pide a tu médico o a una amiga que te recomiende un buen masajista. También puedes consultar a tu seguro médico —algunos cubren los tratamientos de masajes— o buscar información en Internet.

2. Explora tu temor a la gordura

Kara Lea, una madre de Louisville, Kentucky, hace una mueca de dolor al recordar cómo reaccionaba su marido cuando su hija tenía poco más de un año. «Steve le compró un triciclo porque creía que debía hacer ejercicio. La niña estaba gordita desde que tenía seis meses, y sólo tomaba pecho. Su gordura no tenía nada que ver con el exceso de comida. Pero Steve seguía insistiendo en que Rachel tenía los muslos rollizos y debía adelgazar. Decía que quizá hubiera una cinta de aeróbic para niños. No soportaba aquellas bromas.»

Podemos comprender la irritación de Kara Lea, y también el miedo de su marido, el sentimiento que lo impulsaba a hacer esas bromas insensibles. En una sociedad en la que estar gordo es un anatema, hasta los padres más razonables suelen asustarse cuando sus hijos engordan. Ese temor puede condicionar el entorno emocional de una familia y afectar a todos sus miembros. Puesto que incluso los niños más pequeños detectan los conflictos paternos, es probable que Rachel se diera cuenta de la tensión que creaba entre sus padres. A esto hay que añadir el sentimiento de rechazo que podían provocar las reacciones de su padre. Puede que Steve comunicara su desaprobación cogiéndola con rigidez o frunciendo el ceño al mirarla. Nadie transmitiría estos mensajes negativos de forma deliberada, pero muchas de nuestras reacciones son de carácter inconsciente.

Si te preocupa que tu hija esté gorda te ayudará saber que un grupo de investigadores que examinaron el peso y la altura de 854 personas comprobaron que los niños gruesos menores de tres años tenían las mismas posibilidades de ser adultos gruesos que los de peso normal.[3] En otras palabras, los bebés gordos no se convierten necesariamente en adultos gordos.

Si la gordura se considera un problema en tu casa, también deberías saber que los niños que perciben la desaprobación de sus padres se sienten abandonados emocionalmente. Y los niños que se sienten abandonados suelen consolarse con la comida. Esto significa que una reacción excesiva hacia el aspecto físico de un niño puede crear problemas alimentarios en el futuro. Por otro lado podrías hablar del asunto con el pediatra de tu hija. El médico de Rachel alivió algunos de los temores de Steve informándole sobre un estudio que demuestra que los niños que toman pecho durante un año o más, como Rachel, tienen menos posibilidades de ser obesos para cuando comienzan la educación primaria que los niños que toman biberón. (Si no le diste pecho a tu hija ten en cuenta que también hay millones de adultos delgados que tomaron biberón de pequeños.)

Lo que sin duda alguna no aliviará tus temores es olvidarte del tema. Cualquier reacción excesiva hacia el cuerpo de tu hija puede estar relacionada con las experiencias negativas de tu infancia. Por esta razón deberías examinar tus recuerdos, que pueden incluir el rechazo de tus padres, un conflicto familiar que se centró en ti o el problema de peso de algún miembro de la familia. Uno de los métodos más eficaces para acceder al subconsciente es escribir una carta, que no enviarás, a ambos progenitores. Podrías comenzar así: «Querida mamá [o querido papá], soy muy crítica con el cuerpo de mi hija, y podría tener alguna relación con las experiencias de mi niñez». No corrijas tus ideas, deja que fluyan. Tu inconsciente te ayudará a seguir escribiendo y a rellenar algunas lagunas. Si la primera vez no sale a la superficie ninguna emoción sigue intentándolo. Cuando identifiques los sentimientos o los recuerdos dolorosos dedica un rato a describirlos. Además de sentirte aliviada acabarás aceptando mejor el aspecto físico de tu hija.

Para comprender tu temor a la gordura también puedes mirar fotos familiares para refrescar la memoria y, si es posible, pedir a tus padres que te cuenten detalles significativos que puedas haber olvidado. Explícales que no los culpas de nada, pero que quieres criar a su nieta de la mejor manera posible.

Por último, si algún amigo o familiar insinúa que tu hija está gorda dile que para ti es preciosa. Si tiene suerte lo dirás en serio.

3. Baila con ella

Cuando tu hija sea aún pequeña cógela con una mano alrededor de su cuerpo, sujétale con la otra la cabeza y el cuello y mécela suavemente al ritmo de una canción. Incluso a los más chiquitines les gustan estos pasatiempos musicales, porque los movimientos regulares los ayudan a calmarse. Recuerda que durante los meses de embarazo tu hija escuchó el latido de tu corazón. Y el hecho de bailar con ella tendrá efectos positivos. La sensación de movimiento se origina en el sistema vestibular —que está situado en el oído interno— y continúa desarrollándose entre los seis y los doce meses. El sistema vestibular necesita estimulación. Al bailar con tu hija también puedes potenciar su motricidad y su capacidad de aprendizaje. Además, cuando la niña esté tensa y llore, tus movimientos contribuirán a restablecer el equilibrio de su sistema nervioso para que pueda tranquilizarse y respirar mejor.[4]

Cuando comience a dar los primeros pasos y vuelva corriendo hacia ti le encantará que la cojas y la rodees con tus brazos mientras bailáis. Si tu hija tiene más de dos años y necesita cierta independencia quizá no quiera que la cojas y prefiera jugar con instrumentos de juguete. A esa edad será capaz de reírse con toda la familia. Y tendrá más motivos para reír, porque sabrá que te agrada todo lo que puede hacer y expresar con su cuerpo. Cuando crezca y la música tenga mucha importancia en su vida, bailando con ella podrás mantener una relación muy especial. Pasado el tiempo, cuando baile con otra persona, recordará de forma positiva esas experiencias infantiles en las que celebraba contigo su cuerpo.

4. Sácala de la silla y ponla de pie

Cuando los niños aprenden a andar, en nuestro afán de pasar a la siguiente fase, muchas madres enseñamos a nuestras hijas sin darnos cuenta que el mejor medio de transporte es una silla, el coche o nuestros brazos. Y es una lástima, porque andar es un ejercicio estupendo que además de potenciar el desarrollo motriz y mental de tu hija sentará las bases de una forma de vida activa y sana.[5] Por otra parte el cuerpo humano está diseñado para moverse por sí mismo. Cada vez que nuestros pies tocan el suelo estimulamos el crecimiento óseo de las piernas y las caderas.[6]

Teniendo esto en cuenta, la próxima vez que tengas que ir a la guardería o de compras procura salir unos minutos antes. Luego, si no hay ningún riesgo, ponla de pie y suéltala. Es muy probable que además de andar quiera correr. Cuando la veas moverse sabrás que incluso desde tan pequeña está en sintonía con su cuerpo. Andar y correr son los pasos más naturales para la salud y el cuidado corporal.

5. Anímala a disfrazarse y hacer teatro

A las niñas pequeñas les encanta simular que son otras personas y dar vida a esas fantasías. Por eso (y por los caramelos), Halloween es para la mayoría su fiesta favorita. Los disfraces y el teatro también atraen a las niñas por el *glamour*, y se pueden realizar en solitario o en grupo. Aunque estas actividades no son nuevas, con ellas podrás ayudar a tu hija a amar su cuerpo. Aprovecha la ocasión para explicarle que la ropa que elija tiene poco que ver con lo que es, que ella es mucho más que lo que se ponga.

Aunque hay empresas que ofrecen equipos de disfraces que incluyen boas, pendientes de juguete y zapatos de tacón de plástico, puedes pedir a los abuelos de la niña que reúnan una colección de prendas y que las adapten a su tamaño si es necesario. Esto también lo podéis hacer las dos juntas. Saca del armario ese vestido corto y esos pantalones de campana pasados de moda y combínalos con guantes, sombreros, chales y bolsos viejos. Si tu hija es demasiado pequeña para ponerse tu ropa compra algo que le vaya mejor en tiendas de segunda mano. Y busca accesorios que le sirvan para representar diferentes personajes.

Por ejemplo, con un solo atuendo puede simular que es una bruja, una musa griega, una cabaretera, un ángel o cualquier otro personaje que decida inventarse. Anímala a representar todos los papeles que se le ocurran con el mismo disfraz. Luego recuérdale que ha usado su personalidad y su talento para dar vida a la ropa, no al contrario. Dile que ponga nombre a sus personajes favoritos para que tú puedas referirte a ellos en otro momento: «¿Cómo está hoy la señorita Peggy?» o «Me pregunto qué diría de esto la princesa Rogers». De ese modo le recordarás que es una persona compleja y activa, alguien que es mucho más de lo que parece. En algún momento querrá que tú también participes en la actuación. Con esta actividad pasaréis un rato estupendo utilizando el cuerpo y la mente.

6. Modifica la imagen de Barbie

Si tu hija te pide una Barbie considera su petición como una oportunidad para demostrarle de un modo divertido, jugando, que su cuerpo es mucho mejor. Al modificar la imagen de Barbie la ayudarás a aceptarse como es, a pesar de sus limitaciones. Después de todo, Barbie sólo puede llevar zapatos de tacón, y tiene el pelo tan largo que se le suele enganchar en las vallas y las redes deportivas.

He aquí un posible planteamiento de juego: Barbie y otras muñecas más realistas se están instalando en una casa de muñecas. Además del bebé de plástico, deja que la niña elija una muñeca con la que se identifique más, a la que llamaremos «Supermuñeca». Ella, Barbie y unas cuantas amigas están trasladando muebles y cajas (bloques de madera) de un lado a otro. Pero de repente Barbie tropieza y tiene que sentarse, porque con esos tacones tan altos le resulta difícil andar.

Superdoll y sus amigas se ríen y disfrutan de su energía física. Les encanta estar juntas cantando y bailando al ritmo de la música. Más tarde, Barbie —que se ha puesto un traje de noche— sigue sentada mientras Superdoll y sus amigas encienden sus ordenadores para ver los e-mails que les envía mucha gente famosa.

Marion Jones quiere salir a correr con ellas; el equipo de fútbol femenino de Estados Unidos las reta a jugar un partido; Venus y Serena Williams quieren entrenar con ellas antes de los cuartos de final de tenis. A todo el mundo le interesa estar con Superdoll porque la gente aprecia a las chicas activas, llenas de pasión, que disfrutan con sus cuerpos sanos y atléticos.

Mientras tanto Barbie va a una audición de modelos con un aspecto espléndido. Superdoll y sus amigas le dan muchos ánimos y abrazos. Pero Barbie vuelve enseguida llorando. El fotógrafo la ha rechazado. Le ha dicho que este año se llevan las caderas con curvas, y las suyas son demasiado estrechas. Superdoll y sus amigas intentan consolarla, pero no pueden quedarse mucho con ella. Tienen que acostarse pronto para ir al día siguiente al colegio y aprender cosas emocionantes.

A medida que tu hija crezca explícale a través de este juego que Barbie es tan irreal —como las imágenes retocadas por ordenador de las modelos de las revistas— que no puede divertirse tanto como ella.

7. Anímala a saltar a la comba

Si hay un juego infantil que casi todas recordamos con cariño es el de la comba. Esta actividad evoca recuerdos de una época en la que no había un montón de deberes y actividades extraescolares y los niños no pasaban tantas horas delante de la televisión o el ordenador.

Aunque no puedas reproducir esas tardes de tu infancia al menos puedes enseñar a tu hija a saltar a la cuerda. Además de ser una actividad asequible es muy sana, porque ayuda a fortalecer los huesos y los músculos y constituye un ejercicio aeróbico estupendo.[7] También es un juego que la niña puede realizar sola, con sus hermanos o con un grupo de amigos.

El mejor modo de despertar su interés es saltar con ella o animar a su padre a hacerlo (recuérdale que los boxeadores suelen incluir este ejercicio en su preparación). Si tenéis un sótano o una sala de juegos, ni siquiera el mal tiempo podrá interrumpir vuestros entrenamientos. Y si participas en ellos quizá te interese saber que con una sesión de veinte minutos realizarás un excelente ejercicio cardiovascular. Pero no debes considerarlo como un deporte. Enseña a tu hija las canciones que recuerdes, como «Al pasar la barca» o «El cocherito Leré». Si no te acuerdas de ninguna, hay muchos libros sobre el tema que puedes consultar.

8. Convierte a las víctimas de los cuentos de hadas en salvadoras

Con descripciones que evocan el esplendor de bailes y fiestas reales y la emoción de búsquedas imposibles, los cuentos de hadas pueden transportar a los lectores a unos tiempos mágicos. El psicólogo infantil Bruno Bettelheim demuestra en *Psicoanálisis de los cuentos de hadas* que los cuentos de hadas tienen una gran influencia en los niños, porque al identificarse con las víctimas de la historia se dan cuenta de que incluso los más débiles (como ellos se sienten) pueden salir triunfantes en las situaciones más adversas. Sin embargo, el problema de los cuentos tradicionales es que suelen presentar a las heroínas como víctimas indefensas. Eso no significa que debas censurarle a tu hija los cuentos de hadas. De hecho, pueden resultar muy útiles para potenciar la confianza en su cuerpo si, al leerlos en voz alta, haces pequeños cambios para demostrarle que las niñas tienen recursos físicos y emocionales para salvarse a sí mismas.

En este planteamiento no hay ninguna regla estricta. Cuando veas que van a describir a la protagonista femenina como una víctima, piensa un poco y sustituye las palabras del libro por tus propias ideas.

En el cuento de *Blancanieves*, por ejemplo, puedes cambiar algunos detalles para atribuir a la heroína rasgos admirables. La madrastra puede tener celos de ella por su inteligencia, no por su belleza. Blancanieves puede convencer a los enanitos para que limpien la casa gracias a su extraordinaria capacidad de lide-razgo. El príncipe la encuentra porque su fuerza de voluntad para sobrevivir brilla como una estrella en el bosque. En la historia de *La Sirenita*, la protago-nista podría decir a la bruja que nunca renunciará a su cuerpo para perseguir al príncipe ni continuará con esa tontería sólo porque le haga un conjuro.

También hay algunos cuentos de hadas que celebran la fortaleza de las mu-jeres. Pide referencias en una biblioteca o busca información en Internet.

No es necesario que abandones este planteamiento cuando tu hija llegue a la adolescencia. Si cambias el enfoque de las películas para su edad acabará par-ticipando en el juego y criticando algunos argumentos. De este modo es posi-ble que vea *Titanic*, por ejemplo, como la historia de una chica aburrida y es-tirada hasta que la rescata un artista que le enseña a vivir *de verdad*, y entre otras cosas le quita la ropa para pintarla desnuda.

II. TU CUERPO, TU IDENTIDAD

Aprende a aceptarte para dar ejemplo

Como madres hemos comprobado que podemos hacer por nuestras hijas lo que no hemos sido capaces de hacer por nosotras mismas. Esto puede ser un gran alivio si consideramos nuestro propio cuerpo. Es como si el universo nos ofreciera una segunda oportunidad: una nueva relación con nuestro cuerpo para que podamos entablar una nueva conversación con nuestras hijas.

9. Dale permiso para amar su cuerpo

Al ver esta sugerencia es posible que pienses: «¿Para qué iba a decirle algo tan evidente?». Esta idea comenzará a tener sentido cuando comprendas que al dar permiso a tu hija para amar su cuerpo puedes abrir la puerta para entablar con ella el tipo de conversación que te hubiera gustado mantener con tu madre. Considéralo una oportunidad para hablar con tu hija de las experiencias que te han podido llevar a desconfiar de tu cuerpo o a criticarlo. Explícale que las imágenes irreales que reflejan los medios de comunicación suelen hacer que las mujeres se sientan avergonzadas de su aspecto físico. Dependendiendo de su edad, puede que tenga sus propias ideas y las comparta contigo. Continúa diciéndole que esperas que sus experiencias sean más positivas que las tuyas para que pueda amar su cuerpo de verdad. Y por último recuérdale que debe oponerse a cualquier actitud que le impida alcanzar este objetivo.

Es como si una madre que ha tenido un mal matrimonio le dijera a su hija que espera que disfrute de una relación más satisfactoria. Algunas niñas se sienten tan culpables por tener algo mejor de lo que han tenido sus padres que boicotean su propia felicidad y, como es lógico, tú no quieres eso para tu hija.

Al darle permiso para amar su cuerpo es como si le abrieras las puertas de un castillo y la animaras a tomar posesión.

10. Construye una imagen corporal sana

La mayoría de las actitudes que tenemos hacia nuestro cuerpo las aprendemos de nuestras madres. Y al considerar la herencia que queremos transmitir a nuestras hijas muchas decidimos cambiar esas actitudes. Sabemos que para ayudarlas a sentirse a gusto con su cuerpo tenemos que dar ejemplo de autoafirmación.

Para comenzar bien, si tienes alguna reacción negativa hacia tu cuerpo, elimina de inmediato ese comportamiento autodestructivo. Sabes a qué nos referimos. Deja de pesarte obsesivamente en la báscula del baño (una vez por semana está bien, pero sin lamentos ni reproches.) También debes evitar las quejas del tipo «Tengo el pecho plano» u «Odio mis piernas». Cuando se te escape alguna sin darte cuenta, intenta decir algo positivo sobre esa parte del cuerpo, como por ejemplo: «Estoy agradecida de que mis piernas me ayuden a caminar». Puede que al principio te pareza falso, pero al cabo de un mes (tiempo que tardarás en reprogramar tu subconsciente) descubrirás que eres capaz de hablar de ti de un modo más positivo. Y la próxima vez que alguien te diga un cumplido, en vez de responder «Con lo gorda que estoy», podrás respirar hondo y sentir la calidez de esas palabras en todo tu cuerpo.

Todo esto te resultará más fácil si recuerdas que tu cuerpo es un auténtico milagro. Piensa en el aparato digestivo, que absorbe y distribuye cada bocado que comes con más eficacia que una empresa de alta tecnología. Y en tu corazón, que incluso mientras duermes sigue bombeando para llevar nutrientes a todas las células. Gracias a este proceso todos los órganos de tu cuerpo, incluidos los ojos y el cerebro, trabajan de forma conjunta para ayudarte a descifrar los símbolos de esta página. Intenta adoptar una actitud de gratitud reconociendo todos los días varios aspectos de tu cuerpo. Además quizá te interese leer *Mujer, una geografía íntima*, de Natalie Angier, un magnífico libro que te hará sentirte orgullosa de tu cuerpo femenino.

Para transmitir este mensaje a tu hija puedes llevarla a tus revisiones ginecológicas. Cuando tenga trece o catorce años también ella debería comenzar a ir al ginecólogo. Por desgracia, las adolescentes ven a los médicos menos que a cualquier otro grupo de profesionales dedicados al cuidado de la salud.[1]

No mantengas en secreto tu intención de cambiar las relaciones con tu cuerpo. Tu hija debería ser la primera en saberlo. Necesita oírte decir en qué te has equivocado. Pensar en voz alta, o comentarlo con ella, es una buena idea. Por ejemplo podrías confesarle: «Cariño, me he dado cuenta de que he pasado demasiado tiempo menospreciando mi cuerpo y no lo he valorado lo suficiente. Aunque peso más de lo que quisiera, como bien y hago ejercicio con regularidad. Yo creo que estoy en forma. ¿Qué te parece a ti?». Es probable que tenga mucho que decir al respecto.

11. No hagas que envejecer parezca una maldición

Otro aspecto importante para dar ejemplo de autoafirmación es demostrar que el cuerpo merece ser aceptado y respetado a cualquier edad. Puedes empezar haciendo que tu hija preste atención a las campañas publicitarias que incluyen a mujeres mayores con una gran vitalidad, como la que realizó la diseñadora Eileen Fisher. En esta serie de anuncios aparece una modelo canosa sin maquillaje que podría ser la vecina de al lado.

Si tienes alguna reacción despectiva relacionada con la edad —te fastidia cumplir un año más, te niegas a decir tu edad como si fuera un secreto vergonzoso o te quejas al ver una cana o una arruga—, da la vuelta a la situación y di algo positivo. Por ejemplo, si tu hija o tú os habéis dado cuenta de que las venas de tus manos están cada vez más marcadas, explícale que esas venas son sólo una pequeña parte de tus 62.000 vasos sanguíneos, que a su vez forman parte de un sistema circulatorio que lleva sangre oxigenada por todo tu cuerpo. No hay ningún sistema artificial de distribución tan eficaz como éste. Aunque no pretendemos que te alegre envejecer, recuerda que si te centras en el milagro de tu cuerpo podrás adoptar una nueva perspectiva.

Para desarrollar esta nueva perspectiva debes rechazar la idea de que en el ámbito corporal la estética se debe valorar más que la función. Si muchas de nosotras no aceptaríamos ese mensaje al hablar de nuestra cocina, ¿por qué íbamos a aceptarlo para nosotras mismas? Cuando se pregunta a las mujeres qué actrices mayores tienen un cuerpo perfecto suelen mencionar a Goldie Hawn, Tina Turner, Cher y Jane Fonda. No se dan cuenta de que si pusieran en orden sus prioridades —si dieran más importancia a la función que a la belleza— descubrirían que *ellas* tienen un cuerpo perfecto, que pueden mantener sano y activo a lo largo de toda su vida.

George Ann Garms, de Berkeley, California, es un buen ejemplo. Si se pusiera al lado de Cher o Goldie Hawn poca gente la consideraría perfecta. Pero a los setenta y seis años, con su postura erguida y una energía sorprendente, esta viuda y abuela de aspecto frágil podría dejar a la altura del barro a muchas jovencitas. En 1992, cuando algunos de sus contemporáneos discutían si las mujeres debían conducir después de enviudar, Garms fue a Siberia pilotando su propio avión.

Garms cree que puesto que la mayoría de las mujeres dedican unos veinte años de su vida al cuidado de los demás, es a partir de los sesenta cuando pueden vivir plenamente. Desde este punto de vista, es tan importante sentirse joven en la madurez como en las primeras etapas de la vida. Y Garms ha decidido llevar esa teoría a la práctica. En unas vacaciones recientes, esta septuagenaria dejó atrás a su «amigo» y voló a Nevada con una compañera, donde subieron a las montañas a caballo y acamparon durante cinco días. Garms, que también es diseñadora de joyas y artista gráfica, atribuye su juventud al ejercicio y una «buena» alimentación.

Si alguna vez te quejas de que te estás haciendo vieja delante de tu hija, rectifica y dile que tenéis mucha suerte de vivir en una época en la que hay tanta información para mantener el cuerpo en forma. Coméntale que los estudios sobre el envejecimiento demuestran que el deterioro físico se debe más a la inactividad, una nutrición inadecuada y las enfermedades que al paso del tiempo. Te sentirás mucho más agradecida si recuerdas cómo se encontraban las mujeres hace sólo tres décadas, cuando les decían que la vejez estaba determinada únicamente por factores genéticos.

Si tu hija tiene más de nueve años, puedes leer con ella un libro que trata el tema de la vida eterna: *Tuck para siempre*, de Natalie Babbitt. Este tipo de libros pueden suscitar un debate que te permitirá transmitir un importante mensaje: la fuente de la juventud no existe. Lo que cuenta es envejecer de una forma sana y digna.

12. Acepta la envidia que puedas sentir por otras mujeres

¿Cómo te sientes al ver un anuncio de Victoria's Secret con una modelo de largas piernas y pecho perfecto en ropa interior? ¿Y cuando hojeas una revista de moda o ves a tu actriz favorita en la gran pantalla? Si sientes una punzada de envidia deberías saber que no eres la única. La envidia y la necesidad de compararnos con los demás es tan antigua como la humanidad. De hecho, podemos utilizar estos sentimientos de envidia de forma positiva si nos animan a conseguir objetivos saludables y razonables. Por desgracia, en la sociedad actual, donde nos bombardean con imágenes manipuladas y mensajes que nos incitan a competir con todo el mundo —para ser más atractivas, más inteligentes y más interesantes— muchas mujeres se sienten insatisfechas con su cuerpo.

Esto es lo que indican los resultados de una encuesta realizada por una compañía independiente para la revista *People*, en la que participaron mil mujeres de dieciocho a cincuenta y cinco años. El 37 por ciento de las encuestadas afirmaron que las mujeres que aparecen en el cine y la televisión hacen que se sientan inseguras de su aspecto físico. Al 24 por ciento le molestaban las imágenes de las revistas de moda, y al 19 por ciento las modelos de los anuncios publicitarios. Una mujer de avanzada edad explicó que cuando ve fotos de Julia Roberts intenta mirarla sólo a los ojos porque su figura le hace sentirse como una «aldeana».[2]

Cuando las madres envidian a sus hijas se da otro problema más grave y complejo emocionalmente. Como a la mayoría de las mujeres les da vergüenza tener estos sentimientos y suelen ocultarlos, es difícil que los reconozcan. Pero es natural que haya cierto grado de envidia. Muchas intentamos dar a nuestras hijas el tipo de vida que nos habría gustado tener a nosotras. Además, en la sociedad actual es comprensible que nos comparemos con ellas desfavorablemente y contrastemos, por ejemplo, las incipientes arrugas de nuestra piel con su cutis impecable. Y como las emociones humanas son tan complejas es posible que al mismo tiempo nos sintamos orgullosas de que tengan una tez radiante. Reconocer los sentimientos más oscuros puede ser un gran alivio.

Cuando la envidia se reprime, algunas madres atacan la imagen vulnerable de sus hijas, unas veces con críticas crueles: «Tienes las caderas enormes», o de forma más pasiva con «cumplidos» envidiosos: «Mataría por tener unas piernas como las tuyas». (Es difícil que con este comentario a una niña le puedan gustar sus piernas.) Otra forma pasiva de envidia son las comparaciones del tipo «Qué suerte que no tengas que preocuparte por la comida. A mí se me nota todo lo que como».

Cuando las niñas se dan cuenta de que sus madres envidian sus rasgos físicos suelen sentirse cohibidas, y a veces adoptan comportamientos autodestructivos. La psicoterapeuta Michelle Joy Levine, que ha estudiado los deseos inconscientes que contribuyen a la obesidad, lleva más allá esta idea y afirma que una hija envidiada se siente atacada. En lugar de seguir provocando a su madre, puede acabar siendo obesa para demostrarle que no tiene por qué envidiarla.[3]

Si tienes un problema de envidia activa, escribe sobre las experiencias de tu infancia. Piensa cómo influyó la envidia en las relaciones familiares y si estás siguiendo un guión preestablecido. La envidia también está asociada con tu nivel de autoestima, que puede aumentar si comienzas a apreciar tus cualidades.

13. Reconoce dónde termina tu cuerpo y comienza el suyo

Para ayudar a nuestras hijas a quererse es esencial que mantengamos con ellas una relación estrecha, pero también es posible que nos acerquemos demasiado. Esto es lo que ocurre cuando los padres ven a su hija como una extensión de sí mismos y no como una persona diferente. Aunque tengan las mejores intenciones y pretendan darle lo que ellos no han tenido —incluido un cuerpo esbelto—, esta actitud puede tener una influencia negativa en su vida. Una madre que había sido obesa de pequeña llevó a su hija de doce años a dos médicos distintos porque, según ella, estaba gorda. Ambos aseguraron que la niña tenía un peso normal para su edad, pero su madre la puso a dieta de todos modos. Cuando la niña comenzó a resistirse al control materno los padres acudieron a un psicólogo familiar. Entonces la madre se enteró de que en las familias con problemas de control los padres suelen proyectar en sus hijos la imagen que tenían de sí mismos de pequeños. Cada vez que esta mujer miraba a su hija se veía a sí misma como una adolescente gordita. Por eso tenía dificultades para creer a los médicos. En las relaciones paternofiliales con pocos límites, los padres con exceso de peso que proyectan sus experiencias en sus hijas pueden «condicionarlas» de forma inconsciente, por ejemplo comprando comida basura. Y en consecuencia las niñas suelen crecer con los mismos problemas corporales.

Cuando los padres controlan en exceso a sus hijas, a las niñas les resulta difícil tomar decisiones sanas e independientes respecto a su cuerpo. Un investigador de la Universidad de Pennsylvania comprobó que los padres que intentan impedir que sus hijas coman determinadas cosas pueden provocar en ellas comportamientos poco saludables: que abusen de los alimentos nocivos, que coman sin hambre o que eviten el ejercicio.[4] Además de la comida y el peso, un padre puede intentar controlar la ropa, el pelo y las actividades en las que participa su hija. En su afán por sobrevivir, una adolescente con demasiado control puede desafiar el dominio paterno con reacciones negativas, por ejemplo comiendo mucho o poco. La psicoterapeuta Joy Levine afirma que algunas niñas comen en exceso para ejercer su autonomía, y que el hecho de que desafíen a sus padres de esta manera puede ser consciente o totalmente inconsciente. Cuando comer mucho es una expresión de desafío es como si sacaran la lengua y dijeran: «Chínchate. Estoy comiendo todo lo que se supone que no debo comer y no puedes hacer nada para impedírmelo».[5]

Si has intentado controlar en exceso lo que come tu hija te recomendamos que cambies de actitud después de pasar un tiempo separadas; tal vez cuando regrese de un campamento de verano o una excursión del colegio. De este modo ambas tendréis la sensación de que podéis comenzar de cero. Puedes decirle que la has controlado demasiado y que quieres ayudarla a ser responsable de su cuerpo.

Cambiar de actitud no será fácil, pero debes recordar que la necesidad de controlar siempre está provocada por el miedo. Por esta razón quizá te interese explorar los temores que te impiden permitir a tu hija que controle su cuerpo. He aquí algunas sugerencias:

- **Identifica tus miedos:** Pide a tu hija que te avise si intentas controlarla. Cuando te pille respira hondo y piensa qué ha podido suscitar tus temores. La hija de Donna, que tiene dieciséis años, es delgada por naturaleza, pero ella solía obligarla a comer cosas ricas en calorías. Cuando se planteó por qué le asustaba la delgadez de su hija descubrió que no quería que la gente pensara que era una mala madre que no le daba bien de comer (como le ocurrió a ella de pequeña). Entonces Donna aprendió a aceptar que le dijera que había comido suficiente.

- **Considérate una persona distinta:** Dibuja en una hoja grande de papel dos óvalos de unos treinta centímetros de alto asegurándote de que los bordes no se tocan. En uno de ellos escribe tus opiniones, intereses y preferencias en cuanto a ropa y entretenimiento y otra serie de detalles que te diferencien de tu hija. Y en el segundo anota algunas características de la niña.

  Ahora cierra los ojos e imagina que esos óvalos salen del papel mientras uno te rodea a ti y el otro a tu hija. Imagina que estáis a unos centímetros de distancia, cada una dentro de una burbuja reluciente que os hace únicas y diferentes. Haz este ejercicio cada vez que te obsesiones con el aspecto de tu hija. Recuerda que cuando criticas sus esfuerzos para tomar decisiones independientes relacionadas con su cuerpo es como si utilizaras una aguja para pinchar la «burbuja» de bienestar que la rodea.

- **Escribe una carta a tu hija:** Explícale en tu diario que has intentado convertirla en la mujer «perfecta» que tú no has logrado ser. Aunque esta carta es privada, deberías disculparte personalmente por transmitirle esa carga.

- **No le digas qué debe ponerse:** El estilo de la ropa y el pelo debería ser una expresión de su personalidad. ¿Te acuerdas del aspecto que solías tener tú? Amy Dickinson recomienda en la revista *Time* a las madres que orienten a sus hijas desde pequeñas en el ámbito estético animándolas a vestirse solas y aprobando sus decisiones. Dickinson señala también que cuando una niña de ocho o nueve años elige un modelo inapropiado la madre debería aceptar su decisión («Ya veo que te gusta mucho») antes de llegar a un acuerdo («Vamos a quedarnos sólo con la falda. No estoy segura de que ese top sea adecuado para una niña de tu edad»).[6] Si tienes problemas con tu hija porque le gusta llevar ropa provocativa, participa en la asociación de padres de la escuela para establecer unas normas en este sentido.

■ **Identifica tus sueños:** A veces nos aferramos a nuestras hijas porque nos da miedo tener una vida vacía. Por eso es tan importante que no dejemos de perseguir nuestros propios sueños. Haz una lista de tus sueños y rodea con un círculo el que más anheles. Márcate metas sencillas, cosas que puedas hacer a diario para conseguir que ese sueño se haga realidad.

Ten en cuenta que sólo podrás dar libertad emocional a tu hija cuando asumas la responsabilidad de tus propios problemas. Aunque no cambiarás de actitud de un día para otro, si insistes le harás un gran favor.

14. Aprende a relajarte para dar ejemplo

Otro aspecto que deberíamos cambiar es el continuo ajetreo de nuestra vida. Algunas nos pasamos el día sin parar de un lado a otro, y en consecuencia somos las que menos descansamos. Al vernos trabajar tanto nuestras hijas pueden pensar que su futuro como mujeres será una pesada servidumbre. Nuestros horarios interminables pueden hacer que lamenten haber nacido con un cuerpo femenino.

Si éste es tu caso y quieres que tu hija crezca sabiendo amar y respetar su cuerpo, es esencial que aprendas a relajarte un rato todos los días. Aunque sabemos que es más fácil decirlo que hacerlo, debes buscar tiempo para ti de forma regular (no sólo durante las vacaciones).

Incluso en las familias donde ambos padres trabajan fuera de casa, son las mujeres las que se ocupan normalmente de las tareas domésticas y el cuidado de los niños. Según la socióloga Arlie Hochschild, las mujeres trabajan a la semana unas quince horas más que sus maridos. A lo largo de un año, esto supone un mes adicional con días de veinticuatro horas.[7] Obviamente los padres solos hacen mucho más. Y las madres que nos quedamos en casa tenemos también una sobrecarga de trabajo. A muchas nos educaron de tal modo que reservar tiempo para nosotras nos parece egoísta. Pero ha llegado el momento de cambiar esta idea por nuestro bien y el de nuestras hijas.

Aunque te sientas un poco culpable, es importante que comuniques a tu hija que vas a comenzar a relajar tu cuerpo y tu mente. Luego programa las sesiones en el calendario o en tu agenda y procura ser constante. Eso puede significar, por ejemplo, que una tarde uno de tus hijos tenga que volver a casa en autobús o en otro coche. Responde a cualquier objeción explicando que todo el mundo necesita tiempo para descansar. Estos descansos pueden ser cortos, de unos veinte minutos para meditar o escribir en tu diario, o más largos si tu horario te lo permite. He aquí otras sugerencias para relajar tu cuerpo:

■ No comiences una mañana en la que tengas muchas tareas desagradables por delante diciéndole a tu hija que te gustaría que se hubiese pasado ya el día. Intenta demostrarle que, a pesar de algunos inconvenientes, piensas disfrutar de tu cuerpo siendo más consciente de tus sentidos. Para ello puedes salir de casa un poco antes, aparcar más lejos de lo que habías planeado y hacer el resto del camino andando para aspirar el delicioso aroma que emana de una panadería, ver los bellos colores de las flores y oír las risas de los niños que juegan en un patio.

■ En lugar de plegar ropa o hacer la colada, toma un baño a media tarde. Tal vez oigas la voz de tu madre recordándote lo peligrosa que es la indolencia, así que enciende la radio y disfruta de tu compañía.

■ La próxima vez que tengas que dejar una nota rápida a tus hijos o a tu marido, relájate un poco y escríbela con tu mejor letra. Fíjate en la interacción que se produce entre el cerebro y los dedos; en cuanto piensas algo ya lo estás escribiendo. Aunque estas notas te lleven sólo unos minutos, son una forma estupenda de decir te quiero: al destinatario de la nota y a ti misma.

■ Cuando vayas corriendo a una cita, intenta relajar tu cuerpo pensando en todo lo que está ocurriendo por debajo de tu piel. Por ejemplo, piensa que sólo han pasado treinta segundos, el tiempo que necesita tu corazón para enviar sangre a todo tu cuerpo. Y piensa que habrá muchos periodos de dos semanas en tu vida para cultivar semillas que te permitirán disfrutar de tus comidas favoritas. Si tienes en cuenta algunas de las tareas que realiza tu cuerpo podrás reconocer que tienes mucho tiempo en tu vida, y quizá te apetezca decir, por ejemplo: «Gracias, Dios, por darme tiempo. Tengo más que suficiente». Cuando elimines la tensión de tu cuerpo serás capaz de relajarte incluso en las situaciones más estresantes.

Ken y Barbie que recuerda con mucho cariño. Como las hijas de James solían jugar con sus Barbies, decidió que era importante poner voz a Ken. Él hablaba como Ken mientras su hija mayor, Emma, representaba el papel de Barbie, y así pasaban muchos ratos estupendos de meriendas, citas y bailes.

Cuando James consideró que tenía que enseñar a Emma cómo debía permitir que la trataran los chicos, decidió convertir a Ken en un auténtico caballero. Ken le abría la puerta a Barbie y la ayudaba a sentarse. Pero ante todo James pensó que no debía dar mucha importancia al aspecto de Barbie. Aunque cuando pensaba que estaba especialmente guapa se lo decía, también apreciaba su inteligencia, su creatividad y su fuerza de voluntad. Cuando Emma creció, la hija pequeña de James, Robin, sustituyó a su hermana.

Robin tenía dificultades para hablar y solía usar el lenguaje corporal para comunicarse, pero esto nunca le impidió jugar con su padre. Cuando se dio cuenta de que le gustaba mucho el ajedrez, Robin le sugirió que incorporaran las piezas a las actividades de Ken y Barbie. Poco después James descubrió que Robin tenía un talento innato para este juego.

Todo esto ocurrió hace más de ocho años, y hace mucho tiempo que Ken y Barbie desaparecieron. Emma está ahora en la universidad, y Robin —una de las mejores jugadoras de ajedrez de su categoría— ha superado su trastorno. Cuando sus hijas comenzaron a tener citas serias, James no tuvo que preocuparse demasiado, porque ellas sabían qué tipo de chicos les convenían y cómo debían permitir que trataran su cuerpo. Se lo había enseñado su padre de pequeñas jugando a las meriendas.

17. Reconoce su capacidad física

Puesto que es muy probable que tu hija te considere fuerte, puedes ayudarla a potenciar su imagen física con actividades que normalmente se reservan para los chicos. Podrías simular que eres un potro salvaje y dejar que se monte encima de ti sujetándose con los brazos y las piernas. O tal vez quieras jugar con ella un partido de fútbol o enseñarle a trepar a un árbol o a luchar. A muchos padres no les agrada la idea de luchar con sus hijas. Pero si lo piensas bien te darás cuenta de que con este tipo de juegos las niñas comprenden que pueden decidir lo que ocurra con su cuerpo, aunque tengan que enfrentarse a alguien más fuerte que ellas.

Después de pasar unas cuantas semanas aprendiendo a relajar tu cuerpo, anima a tu hija a seguir tu ejemplo. Además de revisar su horario y considerar si es necesario eliminar alguna actividad para reducir su nivel de estrés, busca un rato todos los días en el que pueda relajarse. Algunas niñas son muy sociables y nunca desarrollan la capacidad de disfrutar de la soledad. Para ellas sentarse tranquilamente o jugar solas es lo que hacen las niñas «impopulares». Y es una lástima, porque aunque la actividad puede ayudar a nuestras hijas a conectar con su cuerpo, los ratos de sosiego les permiten «escuchar» sus sentimientos.

Para enseñar a tu hija a relajarse puedes recortar su horario y establecer los momentos de relajación. Luego muéstrale una foto en la que esté disfrutando de su propia compañía. Puede estar jugando en la playa o en su habitación, examinando una hoja, mirando al mar o en un prado contando margaritas. Si tienes una foto de este tipo saca una copia y dásela para que recuerde el placer que es capaz de experimentar.

Si la niña tiene más de diez años puede que se resista a pasar un rato sola, pero debes intentarlo. Anímala a mirar contigo revistas de viajes para buscar una foto de un lugar (no una persona) en el que pueda centrarse. Dile que se imagine en ese lugar. Naturalmente, no vas a obligarla a sentarse sola. Si quiere puedes acurrucarte con ella, pero insiste en que tenéis que permanecer calladas. También podéis hacer un ejercicio de respiración sincronizada. Para ello debéis sentaros de modo que una apoye la cabeza en el regazo de la otra. La que esté tumbada puede respirar normalmente mientras la otra sigue el ritmo de su respiración. Al cabo de cinco minutos cambiad de posición para hacer el ejercicio de nuevo.

15. Dale libertad para no sonreír

Los bebés se dan cuenta enseguida de que levantar las comisuras de los labios es una de las mejores maneras de conseguir atención. Y como en esta sociedad a las mujeres que no sonríen las llaman brujas aprendemos a seguir sonriendo. De hecho, según un estudio las mujeres devuelven las sonrisas en un 93 por ciento frente al 67 por ciento de los hombres.[8] En muchos trabajos desempeñados tradicionalmente por mujeres se espera que éstas sean amables y sonrían aunque no les apetezca.

Es cierto que algunas veces es importante sonreír y ser agradable. Pero después de tantas décadas poniendo buena cara a todas horas, las que nos hemos convertido en madres debemos considerar el precio que pueden pagar nuestras hijas por las sonrisas falsas. Las sonrisas nerviosas transmiten inseguridad, timidez o vergüenza. Una sonrisa forzada puede parecer una mueca. Y también habrá veces en las que tu hija tenga que mostrar ira y firmeza. Si no le enseñas que no siempre tiene que sonreír, puede tener problemas para expresar su ira cuando necesite defender su cuerpo.

Además de los mensajes equívocos que tu hija puede comunicar a los demás, su mente y su cuerpo pueden estar en conflicto si se muestra alegre cuando tiene un nudo en el estómago. Las niñas que se sienten libres para decir: «No sonrío porque no me agrada...» no utilizan las sonrisas como máscaras para engañar a nadie y ocultar su confusión o su rabia. No estamos sugiriendo que le digas que deje de sonreír, sino que le demuestres que no tiene por qué sonreír. Este mensaje le dará la seguridad necesaria para expresar lo que sienta realmente.

Para ayudarla a comprenderlo, la próxima vez que la pilles con una sonrisa fingida dile algo así: «No te apetece mucho sonreír, ¿verdad?». Cuando pose para una fotografía no le pidas que sonría. Explícale qué es la autenticidad emocional hablándole de mujeres famosas, como la escritora, artista y educadora Maya Angelou o la antigua secretaria de Estado Madeleine Albright.

Compartiendo historias familiares o negociando con líderes mundiales, ambas han demostrado una gran variedad de emociones. No todo son sonrisas ni ceños fruncidos. Pero cuando Angelou y Albright se ríen sentimos que podemos alegrarnos con ellas. Y cuando se enfadan sabemos que algo está a punto de cambiar. Como ejemplos de la expresión «una fuerza con la que se puede contar», Angelou y Albright nos recuerdan que cuando las mujeres expresan sus auténticas emociones a través del lenguaje corporal transmiten poder, y les ofrecen a nuestras hijas la oportunidad de tener poder real en este mundo. Y ése es un buen motivo para sonreír.

III. PADRES
Relaciones con una influencia positiva

Al equilibrar los aspectos masculino y femenino de la personali[dad de sus] hijas, los padres pueden proporcionarles mucha estabilidad. Y c[omo] «novio» de una niña, un padre puede ayudar a su hija a senti[rse bien] consigo misma como niña y más tarde como mujer. Tu hija cr[ecerá y será] guida, pero puede ser la nena de papá el resto de su vida.

16. Utiliza la imaginación para enseñarles que deben respetar su cuerpo

En el hecho de que una niña pequeña juegue con su padre hay algo [es]pecial, quizá porque durante gran parte de su vida los padres van po[r ahí] mostrando «cómo tienen que ser los hombres». Pero de repente se [quitan la] máscara para jugar con sus hijas y son los seres más vulnerables del m[undo. Un] padre puede dar vida a una marioneta y hablar en falsete. Otro pu[ede com]partir su entusiasmo por los camiones de juguete y los G. I. Joes. En [todo] caso, recuerda que con un poco de imaginación los juegos pueden [ser una] oportunidad extraordinaria para enseñar a tu hija que su cuerpo deb[e ser tra]tado con respeto.

Hay unas cuantas reglas para crear juegos proactivos. Si tu hija [jue]gar con su casa de muñecas puedes sugerirle, por ejemplo, que saqu[e a las mu]ñecas al jardín para saltar a la comba o que comiencen el día con un[a...] Si quiere hacer una merienda con sus ositos de peluche, uno de los [osos po]dría pedir zanahorias en vez de galletas. Si está jugando con G. I. Jo[e, uno de] sus compañeros podría darle algunos consejos para llevar una mochi[la] sin hacerse daño en la espalda.

A James, un gerente universitario de San Luis, se le ocurrió un ju[ego]

También hay otra serie de beneficios. Según el psicólogo Ross Parke, autor de *El papel del padre*, los estudios indican que las niñas que han recibido muchos estímulos físicos a través del juego se llevan mejor con sus compañeros en el parvulario. Esto se debe a que han tenido más oportunidades de regular su conducta social. Han aprendido a reconocer y enviar señales emocionales y a controlar esas emociones cuando tienen que decir basta.[1] No hace falta que creas lo que dicen los expertos. Puedes realizar tu propia investigación observando las reacciones de tu hija. Recuerda que cuando luche contigo debes responder inmediatamente a cualquier orden que te dé, como por ejemplo «Vale» o «Eso no me gusta». De este modo, además de divertirse aprenderá a poner límites para defender su cuerpo.

Si necesitas más ideas para ayudar a tu hija a aceptarse como es, consulta la página web www.dadsanddaughters.org.

18. Enséñale a leer mapas

Una de las mejores maneras de conseguir que una niña se mueva con seguridad por el mundo es enseñarle a leer un mapa. Aunque resulte asombroso, incluso hoy en día muchos padres enseñan a sus hijos a leer mapas pero dan por hecho que sus hijas tendrán que pedir indicaciones. El mensaje subyacente es, por supuesto, que cualquiera que tenga un cuerpo femenino es incapaz de orientarse.

Además, algunos investigadores han sugerido que hay diferencias cognitivas sustanciales que hacen que los chicos tengan más capacidad espacial que las chicas y sean mejores leyendo mapas.[2] Pero sin duda alguna estarás dispuesto a contrarrestar cualquier teoría que pueda frustrar tu objetivo de educar a una niña que se sienta en paz con su cuerpo y pueda ser responsable de su vida.

Por eso deberías colgar un mapa del mundo y otro de tu ciudad en su habitación y explicárselos. Y cuando crezca le encantará tener un globo terráqueo iluminado en su mesita de noche. Anímala a conocer el mundo a través de atlas, juegos de mesa de tema geográfico y programas de ordenador. En los viajes familiares en coche dile que intente seguir la ruta buscando el destino en un mapa. Y cuando tenga unos ocho años cómprale una brújula y ponla en una cadena para que la lleve colgada al cuello. Aunque no sea tan atractiva como un collar la ayudará a establecer sus prioridades. Y si tú no sabes leer un mapa o distinguir los cuatro puntos cardinales deberías aprender a hacerlo.

Si tienes una hija adolescente, alquila el vídeo *El proyecto de la bruja de Blair* para verlo juntos. Aunque es una película de miedo, puede suscitar una conversación sobre lo que significa ir por buen camino en la vida. De este modo podrás subrayar la importancia de ser fiel a uno mismo en medio de la cultura popular.

19. Cepíllale el pelo

Como por lo general son las madres las que se ocupan de vestir y bañar a sus hijas, los padres suelen apreciar especialmente los momentos de intimidad que comparten con ellas. Si peinas a tu hija siempre recordará el tacto de tus manos al lavarle y cepillarle el pelo. Un padre comenta: «Me encantaba. Y así podía demostrarle que estaba orgulloso de ella». Este ritual permite a los padres mostrar cariño y admiración por uno de los atributos físicos más especiales de sus hijas.

Según la psicoanalista Virginia Beane Rutter, «enseñar a una niña a cuidar su pelo es una forma de expresar amor y respeto por su feminidad. Simbólicamente, también es una manera de honrar su mente, sus ideas, sus fantasías; toda la actividad cerebral que alberga su cabeza». Rutter recomienda a los padres que cuando cepillen el pelo de sus hijas las escuchen con atención y muestren respeto por su inteligencia.[3]

Estos rituales son también una ocasión estupenda para celebrar las cualidades especiales del pelo de tu hija. Si lo tiene rizado puedes decirle que mueva la cabeza para «oír cómo suenan las campanillas». Si lo tiene liso puedes describirlo como «una cortina de seda». El pelo grueso y muy rizado puede ser tan «estimulante» que «hace que tus dedos tengan ganas de bailar». El pelo fino y sedoso puede «dejar a los gusanos de seda sin trabajo». Sea como sea el pelo de tu hija, puedes ayudarla a sentir que es su mayor gloria.

20. Habla con ella de su menstruación

Cuando las niñas comienzan a tener ciclos menstruales se suele dejar a los padres al margen del asunto. Muchas niñas insisten en que no se lo digan, y algunas madres cometen el error de hacerles caso. Pero a no ser que no se pueda confiar emocionalmente en el padre, este importante acontecimiento en la vida de tu hija no se debería mantener en secreto. La complicidad menstrual entre una madre y una hija puede hacer que la niña crea que su periodo es algo vergonzoso. Si tu hija se resiste a hablar contigo, dale un poco de tiempo para que se acostumbre a la idea y luego dile a su madre que le explique que no sería justo dejarte fuera de la conversación.

Cuando haya experimentado el apoyo materno después de su primer periodo es probable que esté más dispuesta a hablar contigo de la menstruación. Intenta buscar un buen momento para plantear el tema recordando tu propia adolescencia y cómo cambió tu cuerpo. Tal vez tengas alguna historia divertida sobre tu voz, algo con lo que se pueda sentir cómoda. Puedes animarla a participar en la conversación diciéndole que como sólo conoces la pubertad desde el punto de vista masculino tienes curiosidad por saber cómo se siente con los cambios que está afrontando. Si permanece callada o sólo responde con monosílabos tampoco pasa nada. No hace falta que hable, pero es importante que sepa que también tiene el apoyo de su padre en su primera experiencia como mujer.

Si es posible piensa lo que vas a decir con antelación. Un padre esperó a que su hija estuviera en su cuarto con la música a todo volumen para llamar a la puerta. Cuando la niña abrió, su padre habló tan alto para que lo oyera que su voz llegó a la habitación de su hermano. Y le dijo a gritos: «He oído que te ha venido la regla». Cuando su hija le dio con la puerta en las narices se dio cuenta de que no había elegido el mejor momento ni el lugar adecuado.

21. No critiques el cuerpo femenino

En muchas culturas los hombres se entretienen observando a las mujeres y criticando su cuerpo. Puede que también tú practicaras antes este deporte pero hayas aprendido a moderar tus comentarios ahora que tienes una mujer y una hija. (Si eras aficionado al *Playboy*, la edición de bañadores de *Sports Illustrated* o cualquier otra revista de mujeres desnudas esperamos que las hayas tirado. Si no es así deberías hacerlo.) Incluso si eres un buen padre consciente de las necesidades emocionales de tu hija, puede que a veces cometas el error de hacer comentarios sobre el aspecto físico de una mujer. Por ejemplo, es probable que viendo la televisión hayas dicho alguna vez: «Menuda foca» o «Tiene los hombros como un jugador de rugby».

También las mujeres hacen este tipo de críticas (así es como intenta reafirmarse la gente insegura), pero estos comentarios crueles son especialmente nocivos para tu hija si te los oye a ti. Recuerda que tus reacciones determinarán sus expectativas respecto a la imagen que deberían tener de ella los hombres, y podría crecer esperando que la vean con la misma actitud crítica. Si consideras a las mujeres como objetos se sentirá más ansiosa con su cuerpo y podría razonar: «Si mi padre cree que esa actriz está como una foca, debe pensar que yo estoy aún peor».

En vez de centrarte en el aspecto físico de una mujer presta atención a los rasgos que la definan como persona, como por ejemplo: «Esa señora anda como si fuera feliz con su cuerpo», o «Mira cómo sonríe con los ojos». Si tu hija critica a alguien, en vez de reprenderla anímala a que te diga algo positivo de esa persona. Eso es lo que hizo un padre con su hija después de que comentara que la vecina nueva tenía «el pelo horroroso». Cuando le sugirió que considerara qué le gustaba de esa chica respondió: «Me gustan sus botas para patinar». Y su cara se iluminó al añadir: «Puede que por fin haya una niña en el barrio a la que le guste patinar». Cuando tu hija sea menos crítica con los demás tendrá un mejor concepto de sí misma, y por lo tanto se sentirá segura de que no la juzgan con dureza.

22. Ten cuidado con las bromas

Diane, una instrumentista de jazz de treinta y cuatro años, aún recuerda un incidente que ocurrió hace más de tres décadas e hizo que se sintiera incómoda con su cuerpo durante mucho tiempo. «Como mis padres estaban separados y yo vivía con mi madre, siempre me emocionaba que mi padre me viniera a recoger. Cuando salía de casa y veía su coche aparcado en la calle iba saltando por la acera. Pero en vez de saludarme él me decía: «Es mejor que no saltes, conejito, porque no tienes nada que mover con lo flaca que estás». Luego se reía, pero a mí no me hacía ninguna gracia. Era como si me viera a través de sus ojos, y entonces comprendía por qué mis compañeros me comparaban siempre con Olivia, la novia de Popeye. Me sentía como un palillo.»

El padre de Diane no pretendía ser cruel, pero en cualquier caso hería los sentimientos de su hija. Muchos padres utilizan las bromas para comunicarse con sus hijas. Este tipo de relación puede resultar divertida a las niñas más pequeñas, pero no suele ser el caso de las adolescentes, que normalmente son muy susceptibles respecto a sus cambios físicos.

Cuando las bromas pasan de un límite tienen un efecto vergonzante. La vergüenza puede crear malestar y una sensación de disociación entre la mente y el cuerpo, y es difícil de evitar. Vivimos en una sociedad en la que las mujeres creen que tienen que transformar su aspecto para alcanzar un ideal. Y al verse imperfectas se sienten culpables por no hacer suficiente ejercicio, no ponerse a dieta, no llevar bien el pelo o no encontrar el lápiz de labios o el modelo adecuado.[4]

La vergüenza puede destruir también la confianza a largo plazo, porque las niñas interiorizan los comentarios vergonzantes de sus padres y continúan usándolos en su contra. A diferencia de otras formas de avergonzamiento, los comentarios «graciosos» plantean un problema delicado, porque quien los hace suele defenderse argumentando que «sólo era una broma» e implicando que el otro es «demasiado sensible», y por lo tanto culpable de sentirse ofendido. Lo cierto es que algunas bromas son conductas pasivo-agresivas, como una especie de lobo disfrazado de cordero: a los demás les puede hacer gracia, pero si te toca a ti te duele. Por ese motivo las bromas, sobre todo por parte de padres y hermanos, tienen una poderosa influencia en las niñas que se sienten mal con su cuerpo.[5]

No estamos sugiriendo que dejes de bromear con tu hija. Pero puedes decirle que eres consciente de que está creciendo y que te gustaría saber si comienzas a cruzar el límite. Además, considera si las bromas te impiden tener conversaciones significativas con tu hija. Si es así aprovecha la oportunidad para crear una relación más íntima con ella. Dile que has aprendido a relacionarte con los demás a través de bromas, y que por eso te cuesta expresar tus verdaderos sentimientos. Anímala a que te diga qué opina al respecto.

Si en tu familia hay muchos comentarios negativos pide a todo el mundo que los evite y se trate con respeto. Es normal que haya algunas bromas inocentes entre hermanos. Pero si se llega a un punto en el que el blanco de esas bromas se queja a menudo es que el asunto ha ido demasiado lejos. Si ocurre esto en tu casa, habla con todos los miembros de la familia para averiguar las causas de esa crueldad. Debes asegurar a tu hija que vas a hacer todo lo posible para que en tu casa la gente pueda sentirse segura de sí misma.

23. Respeta su fase de alejamiento

Dennis, de cuarenta y un años, ha vivido separado de su familia durante una década, pero se ha mantenido cerca de sus hijas, que tienen diez y catorce años. Su ex mujer dice que a sus amigas les maravilla que sea un padre tan cariñoso y paciente. Pero Dennis está decepcionado con la relación que tiene con su hija mayor. Aunque esperaba que atravesara una fase de enfriamiento, «no estaba preparado para este cambio de actitud. Si intento darle un abrazo reacciona como si fuera un electrochoque. Y sin embargo parece sentirse cómoda con su madre. «¿Por qué me odia?», se pregunta. Dennis no se da cuenta de que la respuesta de su hija hacia él es completamente normal, y que aunque su comportamiento «pueda hacerle daño está intentando adaptarse a su nuevo cuerpo.

Durante la adolescencia las chicas suelen reducir las conversaciones con sus padres. Y cuando hablan con ellos se limitan a intercambiar información práctica o comentar temas sociales. La psicóloga Judith Kaufman señala que en la adolescencia suele haber «poca intimidad y comprensión en las relaciones entre padres e hijas».[6]

Sin embargo, también hay muchas mujeres que recuerdan haber estado más cerca de sus padres que de sus madres en la adolescencia y que veían a sus padres como modelos para triunfar en el mundo. Pero incluso en esos casos cambian los límites de las relaciones. Imagina que te llevas muy bien con la vecina de al lado hasta que, por cualquier motivo, decide levantar un muro alrededor de su casa. Y cuando te ve la próxima vez no sabe cómo decirte: «Quiero que sigamos siendo amigas, pero tenía que levantar este muro; la verdad es que hace que me sienta mejor». Eso es lo que les ocurrió a Dennis y a su hija.

En las familias sanas como la suya, cuando alguien envía un mensaje claro los demás lo comprenden y actúan en consecuencia.

En las familias disfuncionales hay pocos límites. No se levanta ningún muro porque las niñas no temen que sus padres dejen de quererlas si se alejan. Aunque comience a desarrollar su sexualidad, una hija puede soportar que su padre la toque por incómoda que se sienta. Las niñas que crecen de esta manera suelen acabar formando relaciones en las que continúan sometiéndose a contactos desagradables. La relación de una niña con su padre determina las bases de su futuro.

La hija de Dennis le estaba indicando que iba a tardar un tiempo en acostumbrarse a su nuevo cuerpo, y para ello necesitaba que se alejase un poco. Como no sabía expresarlo, comenzaba a gritar si alguien (sobre todo su padre) entraba en su habitación sin llamar y rechazaba sus abrazos. Es comprensible que, como la mayoría de las adolescentes, se sintiera más cómoda con su madre.

Aunque un padre pueda comprender este alejamiento, es muy probable que eche de menos que su hija le dé un trato especial. Pero la respuesta del padre en estos casos también puede servir como modelo. Si le demuestra que sigue queriéndola y respeta su cuerpo a pesar de los nuevos límites, la estará preparando para establecer futuras relaciones en las que se respeten su cuerpo y sus sentimientos.

La mejor manera de demostrar a tu hija que aceptas su nuevo cuerpo es pedirle permiso para darle un beso o un abrazo. De este modo, dentro de unos años, cuando vuelva de la universidad o de un viaje al extranjero, te rodeará el cuello y te abrazará con cariño. Entonces sabrás que esa confianza en su cuerpo es una recompensa por haber afrontado esta situación con sensibilidad.

IV. PADRES JUNTOS O SEPARADOS

Una sola voz para potenciar
la estima corporal

∽ ∽

A veces, aunque los padres vivan en la misma casa, están tan ocupados que apenas mantienen conversaciones significativas. En otros casos viven separados por diferencias personales. Pero normalmente suelen coincidir en que desean lo mejor para sus hijas. Sea cual sea vuestra situación, hay una serie de conductas que ambos deberíais inculcar a vuestra hija si queréis que vaya por el mundo con seguridad y firmeza. Si en algún momento os mira con impaciencia y comenta: «Mama (papá) me dice lo mismo», sabréis que lo estáis haciendo bien.

24. Vete a verla

Aunque tu ritmo de vida no te permita asistir a todos los partidos o representaciones de tu hija deberías intentarlo. Incluso si ella te dice que no importa que vayas a sus acontecimientos recuerda que sí es importante. Tú verás cómo te las arreglas, por ejemplo pidiendo días de vacaciones o intercambiando tareas con un amigo o un vecino. Si hay un torneo al que no puedes acudir pide al entrenador que saque fotos o grabe un vídeo para comentar más tarde con tu hija las jugadas culminantes. Y si te pierdes un partido dile que te explique cómo ha jugado cuando vuelva. ¿Qué tiene que ver que la veas con que ame su cuerpo? Lo comprenderás con más facilidad si consideras las experiencias de las niñas más pequeñas.

A veces, da igual qué estés haciendo —conducir por una carretera llena de curvas con el coche cargado de críos o calcular cuánto tienes que pagar de impuestos— la voz de tu hija te interrumpe de todas todas. «¡Mírame!» Aunque le has advertido que no debe distraerte parece que siempre se le olvida. Parafraseando el famoso aforismo de Descartes «Pienso, luego existo», tu hija diría «Mamá (o papá) me ve, luego existo». De hecho, para ella es tan importante que la reconozcas que está dispuesta a arriesgarse a que te enfades para conseguir tu atención.

Pero no debería sorprenderte. En un mundo tan grande y complejo, una niña que depende de ti para sobrevivir necesita saber que reconoces su presencia. Además, tu hija puede interiorizar una visión de cómo encaja en el mundo a través de un proceso de proyección si le demuestras quién es de forma positiva. Lo que proyectamos a nuestras hijas determina en gran medida cómo se ven a sí mismas. La psicoterapeuta Michelle Joy Levine señala que cuando un padre proyecta a su hija que es adorable, buena, guapa e inteligente y se interesa por ella, la niña asume esas ideas sobre sí misma.[1]

Si la niña es pequeña este proceso puede ser tan simple como darle unos aplausos la primera vez que recite bien el alfabeto o agacharse para ponerse a su altura cuando hable. A medida que crezca y tenga que competir o actuar en un ámbito más amplio, con tu presencia le demostrarás tu admiración y tu aprobación. Cuando mire hacia el público y te vea o sienta que estás ahí, sabrá que la aceptas y estás orgullosa de ella y de su aspecto físico, no de una imagen fantástica.[2] Y cuando termine la actividad haz comentarios concretos sobre lo que has visto. Por ejemplo, en lugar de decir «Buena jugada», podrías precisar «Has hecho un lanzamiento estupendo en el primer tiempo».

Cuando tu hija llegue a la adolescencia quizá tengas la impresión de que ya no necesita a sus padres. Y te preguntarás por qué tiene una actitud tan hostil si quiere que vayas a verla. Éste es uno de los muchos mensajes contradictorios de la adolescencia. Puede que tu hija te aparte de ella, pero en realidad no quiere que te marches. Aunque ponga barreras en su puerta y en su propia vida, lo que intenta decirte es que tu presencia en sus actos públicos le permite sentirse segura, porque a través de tus ojos y tu corazón la sitúas en el mundo.

Por eso en el campeonato de ajedrez, la representación teatral, las finales de voleibol, la exposición de ciencias o el concierto de violín necesita tus tributos, incluso los que se expresan en silencio. Al estar allí le comunicarás: «Tu presencia es importante en este mundo, y me encanta verte». Puesto que tu hija aprenderá a verse como tú la veas, si asistes a sus actividades también a ella le encantará verse de ese modo.

56

25. Enséñale a establecer contacto visual

Mucho antes de que tu hija hablara y te comprendiera las dos os comunicábais con los ojos. El psiquiatra Daniel Stern afirma que las lecciones más importantes de la vida emocional se aprenden durante esos intercambios íntimos, cuando un padre comunica a una niña que comprende sus emociones y las acepta.[3]

Teniendo esto en cuenta puedes explicarle a tu hija que sus ojos tienen un gran poder, y que si los usa de forma correcta puede enviar poderosos mensajes a los demás. Aunque el contacto visual es un gesto muy eficaz para expresar respeto y empatía, pocas niñas lo utilizan fuera de casa. Como normalmente les dicen que deben tener cuidado con los desconocidos, suelen evitar las miradas directas. Y cuando llegan a la adolescencia tienden a limitar el contacto visual, excepto para flirtear, por supuesto.

Puedes enseñar a tu hija a usar sus ojos como un sistema estratégico de misiles: estrechándolos y lanzando destellos de ira si necesita proteger su espacio personal. Decir a alguien que se pierda sin abrir la boca es una declaración de poder. Explícale que si aparta la vista también envía un mensaje que debería usar con moderación, porque la gente suele desconfiar de quienes evitan el contacto visual.

Por otra parte dile que el contacto visual es una de las formas de comunicación corporal más especiales, porque es una manera de mostrar interés. Enséñale a establecer contacto visual para saludar a un amigo, un profesor o los padres de alguien. Señala a la gente que conozcas que sepa usar sus ojos de un modo eficaz.

26. No discutas por su aspecto físico

Un día Darryl y Judy disfrutaron de un desayuno tranquilo en familia con su hija de diez años. Pero en cuanto la niña se marchó a la escuela Darryl le preguntó a Judy por qué le permitía comer tanto. No era la primera vez que Darryl explotaba porque su hija estaba rellenita. Su mujer le respondió como siempre que discutían sobre este tema: «Es una niña fuerte, como yo. Si no te gusta su aspecto, habla con ella». Y luego se fueron a trabajar sintiéndose derrotados.

Darryl y Judy son como muchos padres que se centran en sus hijos para eludir sus problemas de pareja, sin darse cuenta del daño que causan. Aunque Darryl y Judy esperaron a que su hija se marchara para discutir, en cierto sentido la niña era consciente de ese conflicto.

Los niños suelen sentirse culpables por no ser capaces de mantener la paz entre sus padres. Cuando hay un conflicto familiar —silencioso o reconocido, directo o indirecto— los niños se consideran responsables. En el caso de Darryl, la queja respecto a su hija era una manera de vengarse de su mujer, que había engordado mucho.

Otro padre en una situación similar nunca se quejaba del sobrepeso de su hija, pero pasaba la mayor parte del tiempo fuera haciendo ejercicio. Cuando estaba en casa rechazaba el postre diciendo: «No quiero engordar», y siempre parecía añadir: «como tú». Aunque su familia fingía ignorar estos comentarios despectivos les afectaban de todos modos. Su hija recuerda: «Siempre tenía la impresión de que me estaba mirando cuando hablaba de gorduras. Pero mi madre dice que se refería a ella». Este tipo de conflictos se manifiestan de muchas formas. He aquí algunos ejemplos:

- **Un padre protege a una niña obesa de su cónyuge delgado:** En esta situación un padre con sobrepeso defiende el sobrepeso de su hija diciendo que el otro da demasiada importancia a ese asunto. Al sentirse excluido, el delgado se dedica a cuidar más su cuerpo. Y la niña, dividida entre sus padres, continúa comiendo en exceso para consolarse.

- **La niña se pone de parte de uno y muestra su oposición al otro con su peso:** Tras el divorcio de sus padres, la niña cree que su padre, que solía decir que su mujer estaba gorda, no la querrá si no está delgada. Y para demostrar que no es como su madre deja de comer.

- **Ambos se obsesionan con la delgadez y la niña reacciona comiendo:** Los padres evitan sus problemas de pareja obsesionándose con dietas para adelgazar. Al sentirse abandonada, la hija expresa su ira engordando y acaba siendo bulímica.

- **La niña se convierte en un símbolo del estatus familiar:** Los padres intentan olvidar que son infelices centrándose en los símbolos de su estatus, como la casa o el coche de lujo. Y en un mundo en el que mucha gente cree que siempre se puede ser más rico o delgado, esperan también que su hija eleve su estatus social. Temiendo que sus padres la abandonen emocionalmente si no guarda las apariencias, la niña hace dietas y ejercicio de forma obsesiva.

El único modo de acabar con estos conflictos es mejorar las relaciones de los padres. Afortunadamente, Darryl y Judy consultaron a un terapeuta familiar. Cuando Darryl reconoció que le desagradaba el sobrepeso de su mujer, ella dijo que se sentía furiosa porque «nunca estaba en casa» y confesó que comía para vengarse de él. La terapia fue muy dura, pero les sirvió para dejar de presionar a la niña.

Esa primavera Darryl compró unas bicicletas para su mujer y su hija y sacó tiempo para dar paseos con ellas. Acabaron haciendo un recorrido por Europa en bici, e incluso han participado como familia en carreras benéficas. No vamos a decirte si Judy o su hija adelgazaron. El objetivo de las familias sanas es estar en forma, no la delgadez. Lo que sí te diremos es que la niña está aprendiendo a sentirse cómoda con su cuerpo. Si intentas resolver tus problemas conyugales y mantienes a tu hija al margen de esa relación, a ella le resultará más fácil ver su cuerpo como propio.

27. Compite con la locura por los chicos

Al oír esta expresión puede que te acuerdes de tu infancia y te parezca algo inocente y pasado de moda. Pero si quieres que tu hija aprenda a valorar su aspecto sin que le influyan las opiniones de sus compañeros y la cultura popular, cometerías un error al confundir la obsesión actual por los chicos con los coqueteos de otros tiempos. Potenciada por los medios de comunicación, la versión milenaria de este fenómeno puede afectar a la relación que tenga una niña con su cuerpo si se somete a las normas que dictan su comportamiento y su aspecto.

La locura por los chicos comienza ahora a los siete años y puede prolongarse hasta la edad adulta, llegando incluso a influir en las decisiones que tome una chica respecto a sus estudios universitarios y su trabajo. Pero mucho antes del instituto y la universidad, la locura por los chicos puede condicionar las relaciones entre las niñas, dominando sus conversaciones y apartando su atención de otro tipo de intereses. Por ejemplo, una chica puede comentar: «Voy a arreglarte el pelo para que el chico nuevo de la clase se fije en ti». O una deportista puede decir: «Tengo que marcar muchos tantos en este partido porque Eric vendrá a verlo». Poco después lo único que parece importarles es complacer a los chicos, y enseguida rechazan a las amigas que tienen otras inquietudes. Algunas niñas que en un principio fingen estar locas por los chicos —es una manera fácil y segura de hacer amigas o mantenerlas— acaban creyendo sus propias palabras. En muchos casos es más práctico adoptar esta actitud porque a las niñas que no les gustan los chicos las consideran «perdedoras» y las excluyen de los grupos más populares.

Los medios de comunicación fomentan esta idea con series de televisión de gran éxito como *Felicity*, un drama en el que la protagonista piensa ir a la Universidad de Stanford para estudiar medicina. Sin embargo, acaba en Nueva York persiguiendo a un chico que escribió en su anuario que deseaba haberla conocido mejor. Aunque el estreno de la serie fue cubierto por los principales medios informativos, hubo pocas críticas respecto al mensaje negativo que transmitía a las chicas. Otras series para adolescentes, como *Dawson crece*, predican que «hay que conseguirlo a toda costa». Este mensaje se refuerza en las revistas para adolescentes, que ofrecen abundante información para que las chicas logren conquistar al chico de sus sueños. Por ejemplo, en el año 2000, una popular revista publicó un artículo titulado «Cómo perseguir al chico que te gusta». El artículo incluía una lista de consejos para «engancharlo sin que se escape».

No hace falta leer revistas o ver series de televisión para saber qué es la locura por los chicos. Una mujer de Saint Paul, Minnesota, nos contó que, cuando su hijo de doce años volvía a casa el primer día de instituto, fue perseguido por una «manada» de niñas exaltadas que querían ser las primeras en conquistarlo. Otra madre de Atherton, California, comentó que una niña estuvo llamando a su hijo de diez años cada cinco minutos durante media hora hasta que accedió a ponerse al teléfono. La niña lo invitó a salir con ella y él rechazó la invitación. Pero lo más sorprendente de todo es que quien la animó a llamar fue su madre, que cree que por lo general las niñas son demasiado pasivas.

Las víctimas de esta persecución, los chicos, suelen tener una postura diferente. Llegan a la pubertad dos o tres años más tarde que las chicas, y cuando lo hacen mantienen su identidad en mayor medida. Pocos chicos consideran a las chicas como una referencia para definirse. Además, la cantidad de tiempo que dedican a perseguirlas varía. Aunque muchos adolescentes se preocupan por su forma de vestir, hablar y actuar para gustar a las chicas, no es habitual que pasen horas hablando con sus amigos y arreglándose para que las chicas los encuentren atractivos.

Por desgracia, esto es lo normal para muchas chicas. La fórmula para interesar a los chicos exige una gran cantidad de tiempo, energía y dinero en dietas, maquillajes y ropa para tener un buen aspecto. A las chicas que no están a la altura de esta imagen se les suele considerar poco agraciadas. Pero también es una situación problemática para las chicas populares. Muchas llegan a pensar que lo único que tienen que ofrecer es su cuerpo, y pueden perder el sentido de su identidad. En algunos casos la locura por los chicos conduce también a relaciones sexuales prematuras e inadecuadas, riesgo de embarazo y enfermedades de transmisión sexual.

Existen pruebas de que ya en octavo hay adolescentes —tanto ricos como pobres— que practican el sexo oral y se masturban mutuamente. Aunque no hay estudios detallados que indiquen cuántos se dedican exclusivamente al sexo oral, parece que hay una tendencia de género. Deborah Tolman, directora del Wellesley College Center for Research on Women, declaró al *New York Times* que, según la información que había recibido, «cada vez hay más chicas que practican el sexo oral».[4] Evidentemente, no todas las adolescentes actúan de este modo, pero conviene que prestes atención y prepares una defensa. La locura por los chicos es difícil de erradicar, pero se puede competir con ella. He aquí algunas sugerencias:

- **Mantén el contacto paterno:** Las niñas que se sienten abandonadas emocionalmente por sus padres tienen más posibilidades de buscar la atención de los chicos desesperadamente. Puesto que la adolescencia es una época de distancia y rebeldía, muchos padres se alejan de sus hijas y pierden el contacto con ellas. Pero si tu hija tiene que recurrir a los chicos para sentirse amada y admirada puede que hayáis cruzado el límite.

- **Ayúdala a descubrir sus propias necesidades:** Si entras en la habitación de tu hija y ves que la ha convertido en un santuario de chicos famosos, dile que te señale a su favorito y averigua por qué le admira. Pregúntale qué tipo de chico la haría feliz y qué le gustaría a ese chico de ella. Si comienza a hablar de rasgos físicos recuérdale que tiene muchas otras cualidades.

- **Canaliza esa energía:** Si tu hija cree que necesita más dinero para mantener un estilo determinado y ser popular, aprovecha la oportunidad para potenciar sus capacidades. Anímala a que monte un negocio propio, por ejemplo vendiendo joyas hechas a mano en un mercadillo. De esta manera tendrá que utilizar su capacidad matemática para registrar los gastos, los beneficios y las inversiones de su negocio.

- **Busca incentivos:** Si tu hija se muere por ver u oír a uno de sus grupos favoritos, unas entradas para un concierto (o un CD) pueden ser un aliciente estupendo para que mejore las notas, haga todas sus tareas o lea un libro por semana en verano.

28. Anímala a desarrollar un talento especial

Todos tenemos un talento especial, y si desarrollamos ese don podemos conectar con nuestro espíritu. En la mayoría de las tradiciones religiosas se suele considerar al Ser Supremo el «Creador». Ésta es la fuerza interior que se expresa tanto en las grandes obras de arte como en las creaciones cotidianas.

A las niñas que tienen la oportunidad de identificar y desarrollar sus capacidades les resulta más fácil superar los obstáculos de la adolescencia y presentarse al mundo con más seguridad. El interés por las actividades creativas puede también desviar la atención de su cuerpo y hacer que se sientan en paz consigo mismas. Tocar el violoncelo, el arpa o el violín, por ejemplo, puede ayudar a una niña a sentirse especial. Una niña tímida puede expresar su fiereza tocando el tambor. Y una niña con problemas de aprendizaje, de la que se ríen porque le cuesta leer, puede sentirse más segura si elogian sus obras de arte.

Esto es lo que le ocurrió a Patricia Polacco, que se convirtió en una famosa autora e ilustradora de libros para niños. Polacco es disléxica, e incluso como adulta tiene dificultades para leer. De niña comenzó a sentirse más segura de sí misma cuando su madre enmarcaba algunas de sus obras e invitaba a familiares, amigos y vecinos a las exposiciones que organizaba en su casa de Oakland, California. Sus cumplidos y el hecho de que tomaran sus obras en serio ayudaron a Polacco a reconocer su talento.

Sin embargo, el talento no tiene por qué estar siempre relacionado con el arte. Una niña puede disfrutar diseñando programas de ordenador, papel de regalo o tarjetas de felicitación, o destacar haciendo velas, tallas de madera, punto, bordados, fotografías o cerámica. Lo más importante es que no impongas tus criterios. Tu hija necesita espacio para descubrir sus talentos. Es lo desconocido, o el Gran Creador que todos llevamos dentro, lo que da origen a una idea que se puede transformar en una pincelada, una composición musical o una escultura.

29. Dale un «cuerpo» de conocimientos

Una de las mejores maneras de ayudar a tu hija a sentirse segura en el mundo es enseñarle a amar la lectura. Leer es un ejercicio estupendo para el cerebro: los científicos han comprobado que si se estimulan de forma regular los canales de actividad intelectual se refuerzan y se crean nuevas conexiones neuronales. La lectura es también una ventana al mundo, y puede potenciar la confianza de las niñas a la hora de comunicarse. Puede que a tu hija le guste leer ya, en cuyo caso te felicitamos. Pero si pasa mucho tiempo colgada del teléfono o pegada a la televisión, recuerda que no es demasiado tarde para ayudarla a establecer una maravillosa relación de amor con los libros.

Si tiene menos de ocho años es probable que aún le leas cuentos por la noche. Y eso es fantástico, porque acurrucarte a su lado y descubrir con ella el mundo pasando las páginas de un libro es uno de los rituales más bonitos que podéis compartir. Sin embargo, cuando los niños crecen, los padres suelen dejar de leer con ellos y los animan a que lo hagan solos. Además de pasar menos tiempo juntos, en algunos casos disminuye el placer por la lectura. Pero esto no tiene por qué ocurrir. Aparte de demostrarle a tu hija lo importante que es la lectura cuando te vea leer y te oiga hablar de libros, hay muchas cosas que puedes hacer. He aquí algunas sugerencias para que le des un «cuerpo» de conocimientos:

- **Haz hincapié en la magia de la lectura:** En vez de decirle que debería leer para tener más éxito en la vida, intenta inculcarle la idea de que leer es mágico. Y lo es, porque nos transporta a lugares lejanos con sólo mirar los símbolos de una página.

- **Crea «zonas de lectura» en la escuela:** Convence a los responsables de la escuela de tu hija para que dediquen un día especial a la lectura. Durante esas horas pueden poner un cartel en la entrada que diga: «¡Chiss! Zona de lectura». La escuela entera estaría en silencio mientras todo el mundo lee, desde el director y los profesores hasta los empleados de mantenimiento. Los niños podrían ponerse pijamas y zapatillas y llevar almohadones y muñecos de peluche.

- **Deja que se duerma leyendo:** Lleva a tu hija a la cama media hora antes y dile que mientras esté leyendo puede dejar la luz encendida. Después de un día agotador es muy probable que se quede dormida al cabo de cinco minutos, pero es una forma estupenda de conciliar el sueño.

- **Déjala un rato sin leer:** Cuando la niña se porte mal dile que no puede leer. Así se dará cuenta de que leer es un privilegio, algo que se debe apreciar y saborear.

- **Lee el libro y alquila el vídeo:** Elige un libro que hayan llevado al cine, y después de leer la historia en voz alta por turnos, alquila el vídeo para comparar el libro y la película. Los relatos de *Ana, la de Tejas Verdes* suponen una elección excelente, porque se centran en una heroína que no tiene una belleza convencional pero es realmente bella de espíritu. *Mujercitas*, de Louisa May Alcott, es otra buena opción, porque destaca la importancia del carácter sobre el aspecto exterior.

- **Comparte lecturas obligatorias:** Cuando a tu hija le asignen libros de lectura en la escuela elige algunos de tus favoritos y pídele que te lea algunos fragmentos en voz alta. Tu entusiasmo por la literatura la ayudará a ver los clásicos, por ejemplo *La isla del tesoro*, como una auténtica joya.

- **Recuerda los audiolibros:** Son especialmente divertidos para los viajes familiares en coche. Además, te resultarán muy útiles si tu hija tiene algún problema de aprendizaje. De ese modo, a la vez que aprende los mecanismos de la lectura no sentirá un rechazo por los libros. Y cuando tenga más seguridad leyendo podrá pasar a los libros impresos.

- **Excursiones literarias en familia:** Reúne a toda la familia un viernes o un sábado por la tarde y llévala a una librería después de comer algo. Podéis pasar una tarde estupenda hojeando libros en vuestras secciones favoritas.

- **Apoya a la biblioteca local:** Enseña a tu hija a dar importancia a las bibliotecas públicas; son uno de los mejores regalos de nuestra sociedad. Además de llevarla con regularidad y pedir consejo al bibliotecario, dona libros y dinero a la biblioteca más cercana. Si las bibliotecas de tu zona cierran los domingos, organiza una campaña para que cambien los horarios.

- **Organiza sesiones de lectura familiares:** Después de apagar la televisión y los ordenadores e ignorar las llamadas de teléfono, leed en voz alta los libros de Harry Potter (cuya protagonista femenina, Hermione Granger, es una niña inteligente con mucho sentido común). Las niñas mayores de doce años también pueden disfrutar con *¿Quién es ella?: Stargirl*, de Jerry Spinelli, que narra la historia de una adolescente que mantiene su verdadera identidad.

- **Anímala a leer más que libros:** Lee con ella el periódico y comenta las noticias relacionadas con otras niñas de todo el mundo. Y cuando juguéis en familia dile que lea las instrucciones de los juegos.

- **Fomenta la lectura en el baño:** Pon un revistero en el cuarto de baño. Aunque los críticos puedan considerar vulgar esta práctica, lo más importante es promover la lectura. Asegúrate de que en el revistero haya algunos libros de anatomía para niños.

- **Participa en un club de lectura para padres/madres e hijas:** Estos clubes son muy divertidos, con grupos de dos o más personas que se reúnen una vez por semana o al mes. Si no existe ninguno en tu localidad, siempre puedes organizar tu propio club de lectura; haz un sondeo entre tus familiares, amigos o vecinos.

30. Asigna tareas e insiste en que se lleven a cabo

Para los padres ocupados, asignar tareas y asegurarse de que los niños las cumplan supone un gran esfuerzo. Aunque no dudamos de la importancia de las tareas, muchos nos resistimos a sobrecargar la apretada agenda de nuestras hijas pensando que al fin y al cabo son sólo unas niñas. Pero esta actitud puede herirlas en su punto más débil: su cuerpo. Una niña sin límites —que por ejemplo cree que puede dejar cualquier cosa tirada y desafiar las expectativas sin consecuencias— tendrá dificultades para sentirse segura como ser independiente. Aunque la relación pueda parecer indirecta, las tareas son esenciales para determinar límites y asumir responsabilidades.

Es cierto que esto requiere una gran cantidad de tiempo, pero como padres debemos crear situaciones en las que nuestras hijas experimenten las consecuencias de sus acciones. Las consecuencias pueden ayudar a tu hija a sentirse segura a la hora de controlar su cuerpo y su vida. Lo más adecuado es comenzar con tareas sencillas e ir añadiendo labores más complicadas. He aquí algunos consejos para establecer tareas de un modo sano y eficaz:

- **Haz una lista de tareas:** Convoca una reunión familiar, y después de disfrutar de una comida o una tertulia comenta que estás haciendo una lista de tareas y necesitas sugerencias. Estas tareas pueden consistir en vaciar el lavavajillas, limpiar la cesta del gato o barrer las escaleras de la entrada. Deja que los niños elijan de momento una tarea; con el tiempo podrás asignarles más.

- **Habla de las consecuencias lógicas:** Explica a tus hijos que no vas a perseguirlos para que hagan lo que tienen que hacer, pero que más tarde lo comprobarás, de modo que si no realizan sus tareas tendrán que asumir las consecuencias. Esto no significa que vayas a vengarte o a castigarlos sin ir al baile de fin de curso o requisando su colección de cedés. Las consecuencias «lógicas» se derivan del incumplimiento de las obligaciones. Por ejemplo, si tu hija tiene que vaciar las cestas de la ropa sucia el sábado, el día de la colada, si no lo hace alterará los planes domésticos. Las consecuencias pueden incluir que se lave ella misma la ropa o que pague para que se la laven en una lavandería.

- **Piensa por adelantado:** Intenta pensar en una consecuencia lógica de antemano, pero si te pillan por sorpresa limítate a decir: «Esto tendrá consecuencias» y date tiempo para pensar en vez de lanzar amenazas que no vas a cumplir.

- **Permanece firme:** Cuando llegue el momento de que tu hija haga sus tareas no deberías regañarla ni recordárselo. Debes mostrarte firme pero cariñosa. Si va corriendo a clase y no tiene ropa limpia para ponerse puedes decirle: «Lo siento, pero como esta semana no has bajado la ropa tendrás que arreglarte como puedas». Es importante que sepa que la semana siguiente podrá rectificar esta situación. Prepárate para que te suplique y te agobie, pero permanece firme y no le sigas el juego; recuérdale que tenéis un acuerdo y procura hablar lo menos posible.

- **Considera la posibilidad de cobrar si no acaba las tareas:** Explica a tu hija que puedes cobrarle por no realizar las tareas que interfieran en el funcionamiento normal de la casa, como por ejemplo limpiar la cocina para que tú puedas preparar la cena al volver del trabajo. Si la cocina está sucia quizá tengas que encargar la comida en un restaurante y cobrársela. Si es necesario enséñale la factura e insiste en que te pague.

- **No olvides felicitarla:** Reconoce que ha hecho un buen trabajo cuando haga algo bien. Pero no te excedas; con unas palabras de elogio será suficiente.

31. Anima a las adolescentes a trabajar en verano

En un mundo que da tanta importancia a la imagen de las mujeres, los trabajos de verano ofrecen a las adolescentes una gran oportunidad para verse como personas fuertes y capaces. Por desgracia, muchos padres dan dinero a sus hijas en vez de animarlas a trabajar para ayudar en los gastos de la universidad o tener su propio dinero. Desde 1990 cada vez son menos los adolescentes que se incorporan en verano al mercado laboral. En 1999 sólo un 62 por ciento de los 16 millones de jóvenes norteamericanos de entre dieciséis y diecinueve años trabajaron en verano, frente al 71,8 por ciento de 1978. Éste es el porcentaje más bajo de empleo juvenil veraniego que se ha registrado en dicho país desde 1965.[5]

Las grandes perdedoras de esta tendencia laboral son probablemente nuestras hijas. Para ellas es importante saber que pase lo que pase pueden mantenerse a sí mismas, y que cuando crezcan no tendrán que depender de nadie para que se ocupe de sus necesidades. Y en una sociedad en la que el dinero tiene voz propia, ganárselo da derecho a hablar. Además, cobrar un cheque a tu nombre puede ayudarte a sentirte mejor.

Si tu hija se resiste a trabajar en verano, llega con ella a un acuerdo y organiza un plan que le permita trabajar parte de las vacaciones y le deje tiempo para realizar otras actividades. No es muy probable que te lo agradezca. Pero debes recordar que ésta es una de las razones por las que los niños necesitan padres, más que amigos, para que los eduquen.

32. Anímala a hacer deporte

El deporte es una celebración del cuerpo humano, y desde que en 1972 se aprobó la ley que obliga a los centros educativos a dar las mismas oportunidades a ambos sexos en los programas deportivos, nuestras hijas participan cada vez más en este tipo de actividades. En consecuencia, el número de chicas que practican algún deporte en el instituto o la universidad ha aumentado más de un 500 por ciento. A pesar de estas cifras, Colette Dowling, autora de *Mujeres perfectas* y *El complejo de Cenicienta*, afirma que los padres inscriben a sus hijas en actividades deportivas dos años más tarde que a sus hijos. «Eso significa que comienzan con retraso a aprender las técnicas necesarias para competir físicamente. Esta desventaja es suficiente para que muchas niñas dejen de intentarlo. El 70 por ciento de los niños rechazan los deportes organizados antes de los trece años, pero el índice de abandonos entre las chicas es seis veces mayor que entre los chicos.»[6]

Esta situación es lamentable, porque los deportes pueden potenciar la confianza de las niñas en su cuerpo y ayudarlas a comprender que pueden hacer con él cosas que no hacían antes. Y puesto que para competir deben ver su cuerpo como algo funcional más que decorativo, las deportistas pueden desarrollar un profundo sentido de sus capacidades físicas. Como señala Dowling: «Confiar en la capacidad del propio cuerpo es esencial para la salud mental, la seguridad física y el éxito en las relaciones y el trabajo».[7]

Aunque los deportes se centran en gran medida en la resistencia física, si te planteas si son adecuados para tu hija recuerda que también tienen un lado espiritual. La fuerza y la agilidad son importantes, pero también la seguridad y el dominio físico y emocional ante las presiones extremas. Los corredores, los tenistas, los boxeadores y otros deportistas que participan en competiciones individuales tienen que conocerse muy bien a sí mismos. Al verse obligado a afrontar sus temores, un jugador puede preguntarse: «¿Por qué vacilo?» o «¿Qué debo hacer para conseguir mi siguiente objetivo?».

Esto es lo que respondieron nuestras hijas cuando les preguntamos cómo influían los deportes en la relación con su cuerpo:

«Mi mente me dice que alcance esa pelota de tenis y mi cuerpo obedece. ¡Es fantástico!»

«Cuando comienzas a confiar en tu cuerpo sabes que tienes que cuidarlo.»

«El deporte hace que me sienta agradecida a mi cuerpo. En medio de un partido de baloncesto la gente que hay a mi alrededor desaparece, oigo pasos detrás de mí, noto un movimiento a la izquierda y corro por la cancha con los ojos clavados en la pelota.»

Sobre todo, anima a tu hija a practicar un deporte por diversión, no necesariamente para ser la mejor. Puede que también decida participar porque le gusta el juego o formar parte de un equipo. Sea cual sea su motivación, el hecho de que experimente su identidad física en acción es un paso decisivo para el desarrollo de su autoestima corporal.

V. ARMADURA CORPORAL

Protege su cuerpo del ataque de la cultura popular

⤣ ⤣

Durante mucho tiempo las madres no hemos sabido cómo proteger a nuestras hijas de «la tiranía de las imágenes de la cultura popular». *No queríamos aislarlas, pero cada vez nos preocupaban más los mensajes que sugieren que el cuerpo femenino existe simplemente para el entretenimiento y el beneficio de otros. Afortunadamente, ahora sabemos que podemos enseñarles a cuidar su cuerpo con cariño para defenderse de esa terrible presión.*

33. Fortalécela contra el poder de la publicidad

«El traje nuevo del emperador» es un cuento estupendo para enseñar a las niñas a defenderse del bombardeo publicitario que intenta imponerles qué aspecto deben tener, cómo deben vestir e incluso cómo deben oler. Con esta historia podrás ayudar a tu hija a no tomarse demasiado en serio las pautas populares y a resistir el control que los anunciantes tienen sobre nuestra mente. No es un asunto que se deba tomar a la ligera. La publicidad puede hacer que tu hija se sienta incómoda en su propia piel y generar en ella dudas, autocríticas y ansiedades. La publicidad tiene tanta influencia porque normaliza hábitos corporales perjudiciales. Por ejemplo, los anuncios de la televisión han convencido a millones de personas de que es sano y normal atiborrarse de co-

---

* Esta frase pertenece a un ensayo de Ann Taylor Fleming incluido en *The NewsHour with Jim Lehrer*, PBS, 20 de junio de 2000.

mida basura y tomar después suplementos dietéticos para reducir peso. Pero con tu ayuda tu hija puede ver la publicidad bajo una nueva perspectiva.

Explícale que al igual que los sastres que vendieron al emperador su traje invisible, los publicistas pueden decir cualquier cosa para que la gente compre sus artículos: ropa, zapatos, maquillaje y productos faciales, capilares y dentales además de comida y otras cosas. Muéstrale las ilustraciones de la historia del emperador y comenta lo orgulloso que se sentía cuando pensaba que llevaba unos ropajes grandiosos.

Dile que como esos sastres, la gente que crea los anuncios intenta convencernos de que un producto puede hacer que nos sintamos de una forma determinada. Por ejemplo, los anuncios de champús no sólo prometen dejar el pelo limpio. También sugieren que después de usar un champú concreto seremos el alma de la fiesta. Pregunta a tu hija si quiere ser como la gente que vitorea al emperador cuando se pasea desnudo o si le gustaría parecerse al niño que dice la verdad.

Tu hija debe saber que no tiene nada de malo querer sentir orgullo o aceptación. El problema de algunos anuncios es que pueden ser engañosos. Un par de zapatillas nuevas carísimas pueden hacer que se sienta orgullosa durante un tiempo, pero el orgullo de la posesión es insignificante comparado con lo que puede sentir si hace atletismo y aprende a usar sus piernas y su espíritu para continuar corriendo incluso cuando se sienta cansada.

Si la niña tiene más de trece años, puedes explicarle que los publicistas diseñan los anuncios para atraer a los consumidores en un nivel subconsciente. Dile que esas compañías contratan a psicólogos que llevan años estudiando la mente humana. Saben qué hace que nos sintamos superiores o inferiores, y utilizan esa información para intentar convencernos de que podemos sentirnos de un modo determinado si compramos sus productos. Anímala a analizar algunos anuncios considerando cómo pretenden hacer que se sienta y si lo han conseguido.

Las adolescentes también podrían leer y comentar *El collar*, un magnífico relato de Guy de Maupassant sobre una mujer que destruye su vida por su deseo de tener joyas y ropas caras.

Por último, puedes sugerirle que la próxima vez que vea un anuncio que le diga cómo debería ser su cuerpo recuerde que está bien como está. Angela pensaba que su hija Tracy, de seis años, era muy pequeña para comprender este concepto. Pero después de explicárselo, cuando Tracy vio en la televisión un anuncio de un champú, levantó el puño y dijo: «Tú no me mandas a mí». Nos parece estupendo.

34. Explícale que los anuncios de refrescos ocultan una amenaza para sus huesos

Las compañías de refrescos bombardean a un público cada vez más joven con anuncios y campañas publicitarias que hacen que tomar refrescos parezca algo fabuloso. Hoy en día muchos jóvenes los consideran la «chispa» de la vida. Desde 1978 se ha triplicado el consumo de refrescos entre los adolescentes, y se ha duplicado entre los niños de seis a once años.[1]

Montando en bici, patinando o jugando al voleibol, los jóvenes actores de los anuncios de refrescos pueden parecer increíbles, pero debes recordar a tu hija lo que no dicen esos anuncios: que los refrescos son perjudiciales para sus huesos. Los investigadores de la Harvard School of Public Health han comprobado que las niñas activas que toman refrescos de forma regular tienen cuatro veces más posibilidades de tener fracturas óseas que las que no los toman.[2] Esto podría deberse a que, además de beber menos agua y zumos de frutas, muchas niñas que ingieren refrescos toman menos leche, una importante fuente de calcio y vitamina D en la dieta americana. Los estudios indican que muchas niñas no consumen suficiente calcio para fortalecer los huesos.[3]

Un gran número de niñas toma también el equivalente a cuatro o cinco tazas de café diarias en refrescos con cafeína.[4] Y como quizá sepas, la cafeína puede provocar ansiedad e insomnio. Poca gente parece ser consciente de que las colas —los refrescos más populares— contienen fósforo, que puede inhibir la absorción de calcio cuando su consumo es bajo.[5] Para empeorar las cosas, la cafeína es un diurético, que puede producir deshidratación. Además, las colas pueden decolorar los dientes y dejarlos sin brillo.

Con toda esta información quizá te preguntes por qué tanta gente sigue comprando refrescos, los productos más vendidos en los supermercados. La verdad es que muchos seguimos comprando refrescos para nuestros hijos a pesar de sus efectos nocivos porque nos gustan a nosotros y no queremos renunciar a ellos.

La única solución es que toda la familia deje de tomar refrescos. Y explicar a tu hija que pueden ser peligrosos. Cada vez que hablamos de la relación entre las fracturas de huesos y los refrescos con cafeína las niñas más activas dicen que no merece la pena correr ese riesgo. Una jugadora de voleibol abrió los ojos al considerar si había alguna relación entre las tres colas que tomaba al día y el dolor que había sufrido con sus numerosas fracturas, además del tiempo que había pasado en el banquillo.

Habla también a tu hija de la cantidad de cafeína que tienen sus refrescos favoritos. Por ejemplo, una taza de café normal contiene unos 190 miligramos de cafeína, mientras que un refresco grande con cafeína contiene el equivalente a tres tazas de café. Una lata de Coca-Cola tiene 45 miligramos de cafeína, y una de Pepsi 37. Dos populares refrescos que parecen «descafeinados», Mountain Dew y Sunkist, tienen en realidad 55 y 40 miligramos de cafeína respectivamente.[6] También puedes eliminar los refrescos de la lista de la compra y sustituirlos por otras bebidas más sanas, como agua y zumos de frutas.

Fuera de casa puedes hacer muchas cosas para obtener el apoyo de otros padres. Plantea tu punto de vista al comienzo de cada temporada deportiva y sugiere que se repartan zumos en lugar de refrescos al terminar los partidos. La influencia de los padres también puede ser decisiva para prohibir las máquinas y la propaganda de refrescos en los centros educativos. Estas medidas no te harán muy popular entre los niños, pero las encuestas de popularidad son para los políticos, que no son muy populares de cualquier modo.

35. Contrarresta los mensajes que sugieren que sólo las mujeres esbeltas pueden tener éxito

Además de sentirse presionadas para tener un buen aspecto y conseguir el tipo adecuado, a las niñas las inducen a pensar que si no tienen un cuerpo perfecto no podrán triunfar en la vida. A juzgar por las modelos y actrices que interpretan a policías, doctoras, científicas, abogadas, ejecutivas, políticas, profesoras, periodistas y otras profesionales, para que una mujer tenga éxito debe estar delgada y bien proporcionada. Ése es el mensaje que transmiten las series de televisión *Ally McBeal*, *Sexo en Nueva York* o *Friends* y películas como *Los ángeles de Charlie*.

Estas imágenes de mujeres bellas y esbeltas, que también se pueden encontrar en páginas de Internet para niños y en los dibujos animados, proliferan cada vez más, sobre todo en las principales revistas. En el verano de 2000, Roberta Smith, crítica del *New York Times*, observó que en *Vanity Fair*, *Harper's Bazaar* y otras publicaciones similares habían aumentado las fotografías y los reportajes de actrices «blancas, delgadas y guapas», mientras que una célebre actriz con una figura menos estilizada recibió mucha menos atención. Smith señalaba que las actrices esbeltas de veintitantos años solían aparecer en imágenes cuidadosamente orquestadas que sugerían que «las mujeres deben ser especialmente glamurosas y atractivas para tener éxito en el mundo del espectáculo. Y cuanto más enseñen, mucho mejor».[7]

La mejor manera de ayudar a tu hija a comprender que las mujeres con éxito tienen una gran variedad de tipos y siluetas es proporcionarle una sana dosis de realidad. Para ello hemos utilizado una idea de la popular campaña «Lleva a tu hija al trabajo», en la que millones de niñas pierden un día de clase al año para acompañar a sus padres al trabajo. A lo largo del curso puedes llevar a tu hija a conocer a varias mujeres que ocupen puestos que puedan interesarle. Estas excursiones le permitirán ver una muestra realista de mujeres de distintas edades y aspectos que han triunfado en su profesión.

Puedes usar tu red de contactos para elaborar una lista de amigas y conocidas que trabajen en diferentes campos. En algunas de estas visitas podrías invitar a sus amigas o a un grupo de niñas de algún club femenino. La ventaja de invitar a más gente es que esto se traduce en más contactos.

Cuando la mujer con la que hayas contactado acceda a que tu hija la visite en el trabajo, procura elegir días en los que la niña no tenga clase pero las oficinas y las empresas funcionen normalmente.

De vuelta a casa puedes cuestionar la imagen de las mujeres con éxito que presentan los medios de comunicación preguntándole qué le ha sorprendido de esa mujer. Algunas niñas suelen hacer comentarios de este tipo: «Me ha sorprendido que sea tan pequeña» o «No pensaba que las mujeres chinas hacían esas cosas». Otras van más allá del aspecto físico y se centran en otros detalles. Una niña que fue a ver a una jueza que presidía un tribunal de delitos federales dijo que la experiencia había sido como «ver a los mayores jugando al "paso gigante". Los hombres (los abogados que presentaban los casos) no podían acercarse al estrado sin su permiso. Era increíble».

36. Demuéstrale que el concepto de «cuerpo perfecto» es efímero

Si quieres que tu hija disfrute más de su cuerpo y no se esfuerce por alcanzar el ideal de la cultura popular explícale que las tendencias estéticas pueden cambiar de un día para otro. Para empezar puedes mostrarle alguna ilustración (de una enciclopedia o de Internet) de las mujeres trabajadoras de la Segunda Guerra Mundial, que solían tener unos bíceps potentes. Luego enséñale una foto de Marylin Monroe de la posguerra con una imagen más suave y sexy. Y concluye con alguna de las estrellas de cine más delgadas que se hicieron famosas después, como Natalie Wood.

Comparte con ella tus experiencias para intentar adaptarte a las pautas de la moda. Una niña de quince años se quedó asombrada cuando su madre le explicó que de joven se negaba a correr a pesar de que era una buena corredora porque no quería tener las piernas musculosas.

Algunas alcanzamos la mayoría de edad cuando la figura espigada de Twiggy se consideraba un arquetipo. Otras comenzaron a preocuparse por su cuerpo cuando las modelos como Cheryl Tiegs, de pecho grande y caderas estrechas, representaban el ideal de los años setenta. Y la mayoría de las madres recuerdan que en los ochenta ya no bastaba con estar delgada. Las mujeres que querían tener un cuerpo «perfecto» debían estar fibrosas y musculadas como Madonna.

Antes de que terminara el siglo volvió a subir el listón, y la perfección corporal exigía tener «músculos de acero». Como un eco lejano de los cuerpos fornidos de los años cuarenta, la figura ideal de estos tiempos puede incluir espaldas torneadas y muslos que envidiarían los corredores profesionales. Mirando hacia el futuro, un asesor de moda declaró recientemente que «la próxima novedad en la figura femenina» serán «las curvas, las caderas más redondeadas y las cinturas minúsculas». Pregunta a tu hija si esta frase no le parece un eslogan publicitario para vender coches u otros productos.

37. Explícale la transformación a la que se someten las modelos para estar «preparadas»

Si quieres evitar que tu hija compare su cuerpo con las ilusiones que crean los medios ayúdala a comprender que las imágenes de las modelos representan sólo una belleza ilusoria. En uno de los cursos de psicología femenina de Elane, una joven que había sido modelo en su adolescencia habló del gran esfuerzo que exigía «prepararse para la cámara», un concepto que nuestras hijas deberían conocer.

Las modelos y las estrellas de cine suelen ser mujeres atractivas (la mayoría están delgadas porque en el mundo de la imagen muchos creen que la gente esbelta queda mejor en las fotografías). Estas mujeres se utilizan como lienzos sobre los cuales maquilladores, peluqueros y diseñadores pueden crear una ilusión. Si viéramos cómo preparan a una joven para una foto nos quedaríamos asombradas del esfuerzo que conlleva.

Un estilista le arregla el pelo con su ayudante; a veces se añaden mechones para conseguir más volumen o le piden que se ponga una peluca. Después rediseñan su cara con cosméticos. Se ocultan las pecas y las manchas y se aplica una capa de maquillaje. Luego se da forma a las cejas y se oscurecen. El color de los ojos puede cambiar temporalmente con lentes de contacto. A continuación se acentúan los ojos con perfiles y sombras, se da color a las mejillas y se pintan los labios. Algunas veces se añaden pestañas postizas, que se rizan y se alargan con rímel. Y por último se aplican unos polvos para eliminar los brillos.

Luego la joven se pone un vestido que un ayudante de vestuario adapta a su figura y se ajustan las luces para realzar la imagen. En una sesión fotográfica, que puede durar horas, se toman cientos de instantáneas. De todas ellas se selecciona una, que puede ser modificada con un programa de ordenador que mejora el aspecto de la piel, los ojos, las cejas y otros rasgos. Y esta foto supuestamente natural se exhibe en revistas, anuncios publicitarios o la portada de un CD. Las estrellas de cine se someten a transformaciones similares, pero a veces también utilizan dobles.

Explica a tu hija que hay gente que confunde estas ilusiones fotográficas con la realidad. Coméntale que en los años cincuenta algunos niños estaban tan enganchados a las imágenes televisivas de Superman que se ataban toallas alrededor de los hombros y se lanzaban por las escaleras creyendo que podían volar.

38. Limita las revistas de moda en tu casa

Puedes llamarnos agoreras, pero queremos que sepas que consideramos las revistas de moda peligrosas para la salud de tu hija. Como muchos otros medios actuales, están repletas de imágenes que sugieren que el cuerpo femenino existe para el entretenimiento y el beneficio de otros. La distinción entre éstas y otras publicaciones es deliberada. Aunque no pretendemos promocionar las revistas que se centran en las vidas de los famosos, una de los aspectos positivos de esas publicaciones es que ofrecen detalles biográficos que hacen que una persona sea especial. Estas historias pueden proporcionar ideas a los lectores para desarrollar sus capacidades o recalcar que es importante persistir a pesar de los obstáculos.

Sin embargo, las revistas de moda suelen presentar a las jóvenes como atractivas perchas. Aunque en estas publicaciones aparecen muchas modelos diferentes, el concepto de lo que se considera bello es tan limitado que se podría incluir una sola cara y un solo cuerpo en todas las páginas para confirmar la falsa creencia de que ése es el aspecto que tienen las mujeres normales. Muchas niñas estudian atentamente las figuras esbeltas de las revistas de moda y luego pegan su imagen favorita en una esquina de su espejo o en el cuaderno. Y cada vez que la miran recuerdan que ellas no son así.

¿Por qué les gustan tanto a nuestras hijas estas revistas? Piensa en lo que te ocurre a ti al hojear un catálogo de artículos para el hogar aunque no tengas intención de comprar nada: de repente ves algo que tienes que conseguir. O cuando vas al supermercado para comprar un par de cosas y acabas cargada de productos que necesitas por alguna razón. Este tipo de situaciones se repiten millones de veces al día; es lo que mantiene el pulso económico. No se trata de que seamos bobos. Los expertos en márketing diseñan estrategias cada vez más sofisticadas para seducir a los consumidores y convencernos de que necesitamos los productos que venden.

Nuestras hijas no se diferencian de nosotras como consumidoras, pero ellas son aún más impresionables. Las imágenes a todo color de las modelos esbeltas y glamurosas de esas revistas les afectan profundamente. Hay tantas niñas convencidas de que deben tener ese aspecto que muchas ponen en peligro su vida para conseguirlo. En la primavera de 2000, la British Medical Association publicó un informe en el que se señalaba que la obsesión de los medios de comunicación por la delgadez es una de las principales causas del incremento de los trastornos alimentarios. Esta asociación médica instaba a los editores de revistas a reducir las imágenes de «figuras escuálidas».[8] Tu hija no puede comprender por sí misma lo que esto implica. Necesita que intervengas de forma inmediata.

Si es ella la que compra esas revistas ayúdala a tomar conciencia de este problema. Al igual que en la campaña antitabaco que recomienda a los jóvenes que arranquen fotos de fumadores de las revistas, sugiérele que haga lo mismo con las imágenes de las modelos excesivamente delgadas. También puedes hablarle de las revistas que incluyen artículos sobre los peligros de los trastornos alimentarios y en la página siguiente presentan a una modelo esquelética.

Enséñale también a cuestionar los estereotipos irreales. Dile que no te parece bien que, tanto en el cine como en las revistas y la televisión, la mayoría de las actrices sean siempre jóvenes y delgadas y sus compañeros tengan edades y tipos diferentes. De este modo aprenderá a cuestionar esos estereotipos. Y anímala a participar en algún programa de prevención de trastornos alimentarios o a buscar información sobre este tema.

Si ni tu hija ni tú estáis dispuestas a renunciar a las revistas de moda busca un equilibrio entre la fantasía y la realidad. Las publicaciones como *Sports Illustrated for Women* o *Sports Illustrated for Kids* presentan a niñas y mujeres con una gran variedad de aspectos, razas y edades que participan de forma activa en la sociedad.

También puedes utilizar algunas imágenes de modelos delgadas para potenciar la autoestima de tu hija señalando los rasgos que sean similares a los suyos. Por ejemplo, podrías decir: «Está intentando vender ese rizador a las chicas que quieren tener el pelo rizado como tú». Hablando de otra modelo podrías comentar: «Tiene las piernas largas, como las tuyas. Pero seguro que no corre tan bien como tú» o «Esa tez morena es igual que la tuya, que me comería a besos». Fíjate en otras características, como la postura, las pecas, las uñas o los pies. Y señala atributos a los que no se suele prestar atención.

Prepárate para que las adolescentes pongan los ojos en blanco cuando hagas esos comentarios. Una niña de diecisiete años cuya madre había utilizado esta estrategia recibió un día la visita de unas amigas. Cuando su madre entró en su cuarto se sentó encima de la revista que habían estado leyendo y dijo: «Si no escondo esto, mi madre me dirá que tengo los hombros como Cindy Crawford». El único problema fue que las otras niñas aseguraron que tenía razón, y señalaron algunos otros rasgos, incluidas las cejas, que eran similares a los de la famosa modelo. Cuando sus amigas se marcharon la madre encontró a la hija leyendo otra revista. Ninguna de las dos dijo nada, pero cuando la niña levantó la vista sonrió como si quisiera decir: «Gracias, mamá».

39. Limita la televisión y controla el uso de Internet

Cuando planteamos esta sugerencia los padres suelen levantar las manos desesperados. A los que pasamos todo el día fuera de casa nos parece imposible limitar lo que nuestros hijos hacen o ven. Pero con niños de entre dos y diecisiete años, que pasan una media de cuatro horas y cuarenta y ocho minutos al día delante de alguna pantalla,[9] es esencial que tomemos medidas. No olvides que la televisión e Internet ofrecen experiencias pasivas e hipnóticas que pueden impedir que tu hija adopte el tipo de vida necesario para mantener su cuerpo en forma. Los estudios indican que cuanto más ve un niño la televisión más posibilidades tiene de acabar siendo obeso.[10]

También hay que tener en cuenta el contenido. Si tu hija ve la televisión, por ejemplo, puede estar recibiendo muchos mensajes inadecuados. La Comisión Federal de Comercio ha acusado a la industria del entretenimiento de hacer propaganda de videojuegos, música y películas violentas y/o con sexo explícito a niños de tan sólo diez años. Pero tu hija no sólo está expuesta a la publicidad. Sus opciones van desde los vídeos musicales, en los que aparecen jóvenes semidesnudas en posturas insinuantes, a los seriales televisivos, donde los personajes femeninos suelen tomar decisiones arriesgadas. La televisión tiene un poderoso influjo. Con su hábil manejo de las luces y el sonido puede manipular a los jóvenes espectadores. Los personajes de la pantalla parecen tan reales que pueden influir en la imagen que tenga tu hija de su cuerpo al compararse con otras chicas o determinar cómo permitirá que la traten.

Por otra parte no se pueden subestimar los riesgos que plantea el uso de Internet. Permitir a tu hija un acceso ilimitado sería como llevarla a una ciudad desconocida y decirle que encuentre el camino de vuelta a casa. Aunque tengas motivos para esperar que regrese sana y salva, también debes aceptar que puede encontrarse con gente peligrosa.

Sin embargo, estos medios no se deben juzgar de forma tajante. No es necesario prohibir la televisión, puesto que hay algunos programas interesantes. Y algunos de ellos, además de ser entretenidos, pueden suscitar conversaciones entre las niñas. Asimismo, Internet es una excelente herramienta de investigación que puede potenciar la capacidad de expresión (ya sea enviando e-mails a las amigas o «chateando» con ellas).

Explica a tu hija qué tipo de programas de televisión y cuánto tiempo de ordenador te parecen aceptables. En casa de Brenda, por ejemplo, no hay televisión por cable, y los niños sólo pueden ver tres horas de televisión a la semana, que incluyen vídeos de alquiler y resúmenes de espectáculos deportivos especiales, como el U.S. Open o los Juegos Olímpicos. He aquí algunas ideas para limitar la televisión y el uso del ordenador:

- No pongas televisión ni ordenador en la habitación de tu hija.

- Anímala a consultar la guía de televisión y a elegir programas que se ajusten a tus criterios.

- Procura ver la televisión con los niños pequeños y cuestiona los mensajes negativos.

- Considera la posibilidad de comprar un televisor con un dispositivo de control incorporado para reforzar tus medidas.

- Establece un tiempo para los juegos de ordenador y respétalo.

- Enséñale a cuestionar los juegos de ordenador señalando las escenas violentas o las imágenes degradantes de niñas y mujeres.

- Aprende a jugar a alguno de sus videojuegos para poder comprender cómo pasa el tiempo.

- Busca un servidor de Internet que se cierre automáticamente después de un tiempo determinado y niegue el acceso a páginas para adultos.

- Instala su ordenador en un espacio familiar común para que puedas echar un vistazo de vez en cuando.

- Mira los archivos de su ordenador cada cierto tiempo, porque registran de forma automática las direcciones que se han consultado.

40. Enséñale a prestar atención a lo que cante

A la hora de criticar la música que le guste a tu hija debes tener cuidado. Sobre todo para las adolescentes, la música es mucho más que un pasatiempo. Es algo que da sentido e intensidad a las emociones inexplicables de su vida. Si preguntas a un grupo de adolescentes qué es lo que más les importa, después de los amigos y la familia muchas dirán que la música. Teniendo esto en cuenta, procura evitar las generalizaciones del tipo: «Todo suena igual; no es más que ruido» o «Estas canciones no son relevantes socialmente, como las que yo solía escuchar».

Te recomendamos que tengas cuidado no sólo por respeto a las necesidades emocionales de tu hija, sino también por su salud física. La música puede ser buena para el cuerpo, porque sirve como catalizador que incita a reír, cantar o bailar.

Al mismo tiempo es importante que estés atento a lo que escuche. Las carátulas de las cintas y los cedés pueden ser significativas para los padres preocupados por el «contenido explícito». Pero a veces estas etiquetas no son suficientes. Por eso conviene que enseñes a tu hija a prestar atención a lo que cante.

Los investigadores han comprobado que se pueden modificar las conductas nocivas y las pautas de pensamiento dando a la gente mensajes positivos o «afirmaciones» para que las escriba o las repita. También han comprobado que estas afirmaciones son más eficaces cuando se cantan. La música tiene un poder extraordinario. Por lo tanto, es lógico suponer que si queremos crear una actitud de abnegación podemos pedir a alguien que programe su subconsciente cantando «desafirmaciones», es decir, frases denigrantes que normalizan conductas violentas y humillantes. Tu hija debe saber que quizá esté ya cantando «desafirmaciones» que pueden influir en su punto de vista respecto al trato que merecen las chicas.

Por ejemplo, es posible que le guste el famoso rapero Eminem, que suele referirse a las mujeres como «zorras» y habla en sus canciones de su deseo de violarlas y asesinarlas. Si es así puede que haya cantado alguna vez la letra de «Kill You», una canción que incluye las palabras «armas, esposas, viciosas, monjas, navajas». También hay una canción que cantan y bailan hasta las niñas de tres y cuatro años en la que Britney Spears pide que la «azoten» una vez más. Después de oír estas letras, otras canciones, incluida una en la que Christina Aguilera dice que sus pretendientes tienen que saber «tocarla» bien o la de Wheatus que habla de las «porquerías» de las adolescentes, parecen incluso aburridas.

Sabemos que se van a seguir produciendo este tipo de canciones y que los jóvenes van a cantarlas a pesar de las objeciones de sus padres. Y precisamente por eso debemos ayudar a nuestras hijas a tomar conciencia de lo que canten. En vez de prohibir las letras que consideres peligrosas, coméntale a tu hija que los mensajes degradantes de las canciones populares pueden influir de forma negativa en la imagen que tenga de sí misma. Aunque parezca que no te escucha te oirá. Y teniendo en cuenta que la gente joven suele poner la música muy alta, el hecho de que te oiga es un buen comienzo.

41. Ayúdala a cuestionar las imágenes seductoras del consumo de tabaco

«Mi hija no fuma», insisten muchos padres. Y a los que tienen niñas pequeñas este problema les parece algo ajeno. Pero la presión para fumar aumenta en la enseñanza secundaria. En un estudio realizado por la American Legacy Foundation, el 12,8 por ciento de los alumnos que acababan de ingresar en secundaria afirmaron que nunca habían probado el tabaco; seis meses después esa cifra era de un 15,2 por ciento. Según los datos del Center for Disease Control, sólo el 8 por ciento de las niñas de secundaria fuman con regularidad. Pero al llegar al bachillerato fuman el 28 por ciento. En Estados Unidos unas 1.500 chicas (y el mismo número de chicos) adoptan este hábito cada día.

Los expertos señalan que la mayoría de los jóvenes comienzan a fumar seducidos por las imágenes de fumadores en películas, vídeos musicales y anuncios. A pesar de las campañas antitabaco, muchos niños siguen creyendo que fumar es guay. Y muchas niñas lo utilizan como método para evitar la sensación de hambre porque quieren mantenerse delgadas. La mayoría confían en no acabar siendo adictas a la nicotina, y como se consideran invencibles no esperan morir de enfermedades relacionadas con el tabaco.

La mayor parte de los jóvenes creen que pueden dejar de fumar cuando quieran, pero los datos indican que las niñas que comienzan a fumar en la adolescencia siguen haciéndolo durante una media de veinte años,[11] tiempo más que suficiente para dañar su organismo. El consumo de tabaco tiene además otras implicaciones de mayor alcance. Según el Center for Disease Control, las adolescentes que fuman cigarrillos tienen tres veces más posibilidades que las no fumadoras de consumir marihuana y veintidós veces más de tomar cocaína, así como un mayor riesgo de tener relaciones sexuales sin protección.

Ante este panorama reconforta saber que como padres podemos ayudar a nuestras hijas a evitar el tabaco. A lo largo de este libro encontrarás muchas sugerencias para cuidar la salud de tu hija que la mantendrán alejada de este hábito. He aquí algunos consejos específicos:

- **No compres cigarrillos de chocolate:** Según un artículo del *British Medical Journal*, durante más de seis décadas la industria del tabaco ha apoyado de forma tácita a las empresas que fabrican cigarrillos de chocolate para animar a los niños a fumar. El artículo afirmaba también que un fabricante americano de chocolate había ocultado un estudio propio que sugería que los niños que comen cigarrillos de chocolate tienen más posibilidades de acabar fumando.[12]

- **Infórmate:** Consigue una copia de *Cómo tratar con sus hijos el tema del alcohol y las drogas*, del doctor Robert Schwebel. Es el mejor libro que existe sobre el tema.

- **Comparte tu experiencia:** Si fumas, es muy probable que ya te hayas dado cuenta de que tu hija puede seguir tus pasos. Intenta dejarlo y coméntale lo difícil que es abandonar ese hábito una vez que te has enganchado.

- **Habla de las consecuencias a corto plazo:** Dile a tu hija que el tabaco reducirá su capacidad física. Si le interesan los chicos, muéstrale la sección de contactos del periódico, en la que los hombres suelen utilizar las palabras «no fumadora» para describir al tipo de mujer que buscan. Dile que la mayoría de los chicos piensa lo mismo. Explícale que fumar produce mal aliento y puede amarillear los dientes.

- **Observa a sus amigas:** Si sus amigas fuman, es mucho más probable que también ella acabe fumando.

- **Deja espacio para la sinceridad:** Prométele que si empieza a fumar y lo reconoce no la castigarás por decírtelo.

- **Alértala contra los mensajes de los medios de comunicación:** Dile que cuente las imágenes que fomenten el consumo de tabaco que vea en una semana. Y anímala a arrancar de sus revistas los anuncios de tabaco (o cualquier foto en la que se glorifique el hecho de fumar).

- **Crea una red de apoyo escolar:** Participa en la asociación de padres de la escuela de tu hija para iniciar un programa antitabaco. Para recibir ayuda puedes ponerte en contacto con la Asociación Contra el Cáncer.

VI. ACEPTACIÓN Y RECONCILIACIÓN
El «cambio de vida» de la pubertad

∽   ∽

Aunque ya no es tan raro oír hablar a las mujeres de su «cambio de vida», apenas se utiliza este término para referirse a las adolescentes. Sin embargo, la pubertad es una etapa en la que tu hija experimentará tantos cambios que quizá crea que se ha despertado en el cuerpo de otra persona. Nuestro objetivo es que además de ayudarla a sentirse cómoda con su nuevo aspecto físico esté agradecida por ello.

42. Infórmate sobre la pubertad precoz

Como madre de gemelas, Lorraine leyó un montón de libros para padres decidida a prepararse para todas las fases del desarrollo de sus hijas. Pero acabó dándose cuenta de que nada de eso podía ayudarla a afrontar los cambios físicos que las niñas experimentaron a los ocho años: les crecieron los pechos y el vello púbico. Dos años después comenzaron a menstruar.

«Me sentía como si hubiera hecho algo mal, y al principio no dejaba de llorar», comenta. El caso de las hijas de Lorraine es más habitual de lo que parece. En Estados Unidos las niñas comienzan a menstruar aproximadamente a los doce años, pero algunas lo hacen con tan sólo ocho o nueve. Según un informe, una de cada siete niñas blancas experimenta una pubertad precoz, y la incidencia puede ser aún mayor entre las niñas afroamericanas.[1] Este fenómeno se ha asociado con multitud de factores, desde la obesidad a las hormonas de la leche de vaca, la carne de pollo, las sustancias químicas medioambientales, las luces eléctricas o la ausencia paterna. No hay ninguna respuesta definitiva que explique por qué ocurre esto.

Si tu hija presenta síntomas de pubertad precoz es importante que no te dejes influir por estas ideas infundadas. Si tú te asustas también ella se asustará.

Es cierto que la pubertad precoz puede ser incómoda y alarmante, pero debes considerar el panorama general. Como quizá sepas, cuando el cuerpo femenino está sometido a un alto grado de estrés o inanición se bloquea la función reproductora. Así es como se asegura el organismo de que no se conciba un niño en momentos poco favorables. Por el contrario, la pubertad precoz puede ser una reacción natural a unas condiciones más propicias, que incluirían una mejor alimentación. Un cuerpo que se desarrolla precozmente es en cierto sentido como una flor de invernadero, que en respuesta a la luz y los nutrientes que recibe florece fuera de temporada. Pero aunque una niña madure puede seguir siendo una niña por dentro. Afortunadamente, puedes hacer que continúe sintiéndose bien con su cuerpo. He aquí algunas sugerencias:

- **Normaliza los cambios:** Explica a tu hija que muchas otras niñas experimentan cambios similares. Teniendo esto en cuenta, no le prohíbas que vaya a dormir a casa de sus amigas para ocultar a la gente la verdad. Pensará que te avergüenzas de su cuerpo e interiorizará esa idea.

- **Consulta a su pediatra:** En algunos casos la pubertad precoz está causada por problemas médicos. También es posible que afecte a la altura definitiva de tu hija. Puede que su pediatra recomiende un tratamiento hormonal para frenar su desarrollo sexual. En cuanto a los tratamientos a largo plazo, deberías considerar cuidadosamente si son adecuados para tu hija.

- **Habla de los pájaros y las abejas:** Los primeros signos de la pubertad indican que ha llegado el momento de que hables con tu hija de las cuestiones importantes de la vida. No esperes a que sea demasiado tarde, como muchos padres, para comenzar a hablar de sexo.

- **Llama a tu seguro médico:** Algunos seguros ofrecen servicios de información y talleres para padres e hijas.

43. Prepárala mentalmente para su «nuevo» cuerpo

Además del ciclo menstrual, los cambios de la pubertad incluyen el desarrollo del pecho, la aparición de vello en el pubis y las axilas y la expansión de las células grasas. Durante este periodo una niña puede engordar hasta dieciocho kilos en un año. Una niña describió la experiencia como «metamorfosearse» en un cuerpo extraño. Prepara a tu hija para los cambios de la pubertad (también puede hacerlo una hermana mayor, la abuela o una tía) realizando con ella una actividad diseñada especialmente para niñas prepubescentes:

Materiales
- Una fotografía en la que aparezcas tú a su edad metida en un sobre
- Pinturas, rotuladores o lápices de colores
- Tres láminas de papel grueso de 20 × 30 cm
- Lana (del color de tu pelo)
- Cola
- Plumas, lentejuelas u otros objetos decorativos

Pide a tu hija que te ayude a hacer un retrato tuyo en el que estés contenta. Podéis añadir algunos toques divertidos que reflejen tus intereses personales, como por ejemplo una raqueta de tenis, notas musicales o flores. Haced el pelo con lana y los pendientes con lentejuelas. No te preocupes por la calidad artística. Si sólo es capaz de dibujar una figura de palo no pasa nada. Mientras trabajéis juntas explícale por qué te gusta el cuerpo que tienes ahora. Al terminar escribe en la parte superior del papel «Después de la pubertad» y coméntale que no siempre has sido así. Y por último saca la fotografía del sobre para que vea cómo eras antes.

Dile qué te gustaba de ser una niña. Luego puedes explicarle que la pubertad comienza cuando el hipotálamo envía una señal a la glándula pituitaria, y que entonces los ovarios empiezan a producir estrógeno, una hormona que hace que el cuerpo tenga un aspecto más femenino. Quizá puedas contarle algunos recuerdos de tu pubertad, cuando creciste de repente o se ensancharon tus caderas.

A continuación podéis hacer un dibujo de tu hija tal y como es ahora. Mientras trabajéis pregúntale qué le gusta de ser una niña. Después de añadir algunos detalles que ayuden a definir su personalidad escribe en la parte superior del papel su nombre, la fecha y el título «Antes de la pubertad».

Cuando termines dile que aunque podéis retratarla como es ahora, ninguna de las dos puede saber cómo será exactamente después de la pubertad. Lo que sí sabes es que será adorable, porque ahora es una niña maravillosa. Pídele que te hable de las cosas que puedan gustarle cuando sea más mayor y tenga un cuerpo de «chica grande».

Al acabar quizá quieras darle un abrazo y decirle que aunque cambie siempre será tu niña y siempre estaréis unidas.

Las niñas mayores de once años también pueden disfrutar con esta actividad, pero quizá les interese más descubrir los misterios de la pubertad a través de los libros, como el clásico *De niña a mujer*, de Linda Madaras. A las adolescentes les encantará *¡Descúbrete!*, de Esther Drill, Heather McDonald y Rebecca Odes. Este libro está lleno de información directa y sincera junto con fragmentos de conversaciones de la popular página web www.GURL.com.

44. Alivia sus temores respecto a su herencia física

Es muy probable que durante años tu hija haya oído decir cuánto se parece a ti o a su padre. Esos comentarios pueden ser reconfortantes, pero cuando el cuerpo de una niña comienza a cambiar puede echar un vistazo a la gente que la rodea y sentirse como si una ruleta fuera a determinar cómo será su aspecto. Quizá tema heredar las piernas «gordas» de su madre y sus tías, la «papada» de su familia paterna o el «terrible» acné que sufrió su hermana mayor.

También es posible que a las niñas les preocupe parecerse a algún familiar obeso. Y tienen razones para preocuparse. Los datos señalan que si un padre es obeso hay un 40 por ciento de posibilidades de que su hija también lo sea; y si ambos progenitores son obesos la posibilidad es del 80 por ciento. Estos resultados pueden explicarse en parte por la relación entre el peso y el estilo de forma consistente que los factores genétide vida familiar, pero los estudios de gemelos que crecen separados indican cos desempeñan un papel decisivo a la hora de determinar la obesidad.

Naturalmente, esto no significa que tu hija vaya a parecer un clon tuyo o de cualquier otro miembro de la familia. Su cuerpo será único. Hay una serie de estrategias con las que podrás aliviar sus temores sobre el aspecto físico que acabará teniendo, como éstas:

- **No refuerces sus temores:** Si por ejemplo le dices que seguramente será «grande» porque en la familia «todo el mundo es grande», se sentirá como si la espada de Damocles pendiera sobre su cabeza. Las frases del tipo «siempre serás grande» producen tal efecto que una niña puede asumirlas y esforzarse de manera inconsciente para asegurarse de que sea cierto. Dile a tu hija que aunque la gente hereda aspectos físicos familiares, ella puede decidir ser un ejemplo sano de ese aspecto físico.

- **Ayúdala a sentirse orgullosa de los rasgos positivos de sus antepasados:** Busca aspectos positivos de tus antepasados que puedan ayudarla a sentirse más cómoda con su nuevo cuerpo. Por ejemplo, una niña bastante más alta que sus compañeras puede pensar que su altura es una ventaja despues de ver fotos de sus parientes suecos. Y a otra que se siente rara y torpe quizá le agrade saber que sus antepasados franceses eran famosos por su elegancia y su estilo.

- **Construye un árbol genealógico corporal:** Este árbol no es una descripción detallada de quién desciende de quién, sino un proyecto artístico que tu hija podrá colgar en la pared y le permitirá reírse de los rasgos que ha heredado. Para ello necesitaréis:

Materiales
1. Papel de envolver en el que quepa el cuerpo de tu hija con los brazos extendidos.
2. Copias de fotos de familiares, preferiblemente de cuerpo entero.
3. Tijeras, cola, pinturas, un lapicero, un rotulador negro y la tapa de un recipiente redondo de plástico.

Instrucciones
1. Extiende el papel en el suelo, dile a tu hija que se tumbe boca arriba con los brazos a unos doce centímetros de las caderas y los pies un poco separados y traza su silueta. Cuando termines recorta la figura de papel.

2. Dibuja y colorea los rasgos de la niña.
3. Traza unos cuantos círculos de papel y recórtalos. El número de círculos que hagas dependerá de las fotografías que hayas reunido.
4. Elige una foto de un familiar y recórtalo todo excepto la cara y el cuerpo de esa persona; luego pégalo en un círculo de papel dejando espacio para escribir.
5. Escribe en cada círculo una descripción absurda de una característica de cada familiar. Por ejemplo, un padre le contó a su hija que su abuela tenía tan buen oído (las orejas grandes) que no podía escaparse por la noche para echar carreras con sus amigos; y una madre dijo que sus hermanas tenían unas «uñas de acero» que la arañaban cuando dormía con ellas.

Como le explicarás a tu hija, decir que alguien tiene el pelo largo y rubio no indica si esa persona es buena o mala, interesante o aburrida, honesta o deshonesta o cualquiera de las cosas importantes que nos hacen únicos. Dile que hacer suposiciones sobre una persona basándose en su aspecto es una trampa en la que cae mucha gente.
6. Después de completar los círculos, pégalos en las zonas correspondientes de la silueta de tu hija.

La risa que provocará esta actividad contribuirá en gran medida a neutralizar cualquier preocupación que pueda tener tu hija respecto a su herencia genética.

45. Reconoce el dolor que pueda sentir por la pérdida de su cuerpo de niña

Cuando las niñas llegan a la pubertad, muchos padres no están preparados para el dolor que puede acompañar a este dramático cambio de vida. En consecuencia, algunas niñas no tienen la oportunidad de poner en orden sus sentimientos y se encierran en una semipermanente melancolía. Sin duda alguna, el dolor es más que una emoción; es una mezcla de ira, tristeza, culpa y miedo además de confusión y desorientación. Algunas niñas reaccionan contra el dolor consumiendo drogas, alcohol y tabaco. El dolor también puede afectar a sus relaciones con la comida si intentan consolarse o castigarse comiendo mucho o poco. Y en algunos casos se cortan con navajas o trozos de vidrio, tienen relaciones sexuales prematuras e inadecuadas o piensan en suicidarse. El dolor se ve en el cuerpo de una niña: en los hombros caídos, los ojos tristes o los movimientos letárgicos. Además, es posible que al llegar a la pubertad tu hija esté especialmente irritable, lo cual puede deberse a los cambios hormonales.

Parte de este dolor está relacionado con la obsesión social por la delgadez, que hace que nuestras hijas sientan profundamente la pérdida de su cuerpo de niñas. Muchas han tenido las caderas estrechas y las piernas delgadas, con figuras que se acercaban al ideal que promocionan los medios de comunicación. Pero en la pubertad su cuerpo se desarrolla y cambia de forma. A algunas les parece que de repente se convierten en objetos de burla o de atención inapropiada por parte de los hombres. Incluso si toda la familia tiene una actitud respetuosa, las niñas suelen compararse con las imágenes esbeltas de la publicidad y se sienten acomplejadas. De hecho, muchos psicólogos consideran la anorexia como un intento inconsciente de recuperar la figura infantil.

Por otra parte, Tian Dayton, psicóloga especializada en temas relacionados con el dolor, los traumas y la adicción, cree que las adolescentes sufren por la pérdida de los placeres de la niñez y la proximidad de las responsabilidades adultas. A las que tienen madres que no paran de trabajar en casa, las responsabilidades femeninas no les resultan nada atractivas.

El dolor debe seguir su curso, pero las dificultades se pueden reducir con muchos de los consejos que se incluyen en este libro, como la búsqueda de una forma de expresión sana para la ira y la tristeza. Una vez más, la cercanía de los padres es muy importante. El problema, dice Dayton, es que durante este periodo las niñas suelen apartar a sus padres, aunque deseen que permanezcan a su lado. «Necesitan saber que están ahí con sus mejores intenciones. El padre es el faro que ayuda a su hija a encontrar su camino a través del dolor de la adolescencia. Si te alejas demasiado puedes perderla.»

Los padres pueden colaborar adoptando una actitud apropiada que permita la continuidad de su apoyo. Cuando el cuerpo de una niña comienza a desarrollarse, los padres suelen evitar su incomodidad desapareciendo emocionalmente de la vida de sus hijas. Buscar el equilibrio adecuado es un ejercicio arduo, pero eso es algo que sólo se puede aprender con la práctica.

También las madres deben esforzarse para mantener la relación. Los viajes de fin de semana madre-hija son una ocasión estupenda para estrechar vínculos, descansar y reflexionar. Durante esos días puedes animar a tu hija a hablar con un método llamado «escucha reflexiva». Si por ejemplo dice: «Mi vida es una mierda», en vez de intentar consolarla podrías responder: «Yo también me siento así de vez en cuando. ¿Qué parte de tu vida te preocupa?». Procura mantener un tono animado pero no superficial.

Cuando las adolescentes están irritables mantener una conversación con ellas no resulta nada sencillo. Mostrar afecto puede ser aún más difícil. Sin embargo, te recomendamos que busques ocasiones en las que puedas demostrarle físicamente lo que sientes. Tu hija necesita tu contacto para crecer. Te ayudará recordar que las muestras de cariño no siempre tienen que ser espontáneas (aunque también ésas son agradables). Una madre que sentía una aversión física hacia su hija de catorce años, «que en cuestión de meses se había convertido en un monstruo furioso y desafiante», comenzó a buscar situaciones en las que podía conectar con la niña. «Me di cuenta de que cuando íbamos todos a la iglesia se apoyaba en mí, y entonces me sentía unida a ella. Así que ahora estoy deseando que lleguen esos momentos para poder estar juntas.» Otros padres han comprobado que dar masajes a las adolescentes les ofrece la oportunidad de expresar su afecto. Si le das un masaje a tu hija en los hombros dile que después ella te dé otro a ti.

Por último, mientras sigues apoyándola a superar la pérdida de su niñez, no hagas caso a los que te digan que la consientes demasiado. Las niñas no se convierten en «monstruos» de repente. Tu hija no puede dejar atrás el dolor sin más para seguir adelante. Cuando desaparezca de su cuerpo lo sabrás; caminará con más alegría, volverá a tener brillo en los ojos y se sentirá segura en su cuerpo de mujer.

46. Mándala a clase con un neceser de emergencia

Cuando tu hija esté muy sensibilizada con su cuerpo, cualquier contratiempo puede ser motivo de vergüenza. Pero con un poco de previsión puedes prepararle un neceser pequeño con unas cuantas cosas que la ayuden a sentirse cómoda con su cuerpo cuando esté fuera de casa. Aunque te sientas tentada a usar una bolsa de plástico para sándwiches no te lo recomendamos. Puesto que esas bolsas son transparentes, a tu hija podría preocuparle que algún chico vea lo que hay dentro y le tome el pelo. Encontrarás neceseres a precios muy asequibles. Habla con ella de lo que quiera incluir. He aquí algunas sugerencias:

- Una compresa envuelta
- Un peine pequeño
- Un tubo pequeño de espuma para el pelo
- Un corrector facial
- Dos imperdibles
- Una aguja y un paquete plano de hilo
- Un quitamanchas
- Pastillas antiflatulencia
- Un paquete de caramelos de menta
- Un bote pequeño de desodorante
- Inhalador antiasmático (o cualquier otro medicamento que necesite)
- Dinero para emergencias (con algunas monedas para un taxi, una llamada de teléfono y casos similares)

Podéis revisar este neceser cada tres meses para quitar lo sobrante y añadir los productos que se ajusten a sus necesidades.

47. Vete con ella de compras

A muchas niñas y mujeres les encanta ir de compras. Es una actividad narcisista estupenda, y unas cuantas horas de compras con tu hija, que podrían incluir una taza de té o un tentempié, pueden convertirse en un ritual que la ayudará a aceptar con agrado su condición femenina. Esto no es lo mismo que darle dinero para que vaya a comprar sola. Si la acompañas, además de compartir con ella la emoción de encontrar una ganga, quizá se sienta animada a hablar de las ansiedades que pueda tener respecto a su cuerpo.

Por otro lado, dependiendo de cómo sea vuestra relación en ese momento, puede apreciar tus comentarios constructivos sobre la ropa que se pruebe. En contra de lo que puedas pensar, está bien que le digas a tu hija que está muy guapa. Hay gente que cree que esto hace que las niñas se centren demasiado en su aspecto. Pero comentarle que está «preciosa» o «encantadora» es otra forma de decirle que la quieres. Si te resulta incómodo hablar de sus atributos físicos menciona también sus cualidades personales. Cuando se pruebe unos vaqueros o un vestido para el baile de fin de curso, podrías decir, por ejemplo: «Tienes un aspecto espléndido y muy interesante». Además, le vendrá bien que la reconfortes cuando se mire bajo la luz nada favorecedora de los probadores. Y tal vez quiera posar para ti con la ropa que elija.

Si también hay algún arrebato de ira intenta tomártelo con calma. Esto no es una película, sino la vida real, y ni siquiera en esos momentos habrá tanto afecto como quisieras. Lo más importante es que le demuestres que estás ahí y que la aprecias aunque tenga dificultades para sentirse bien consigo misma.

VII. IMAGEN CORPORAL
Cómo se ve a sí misma

❧ ❧

Hay una tarjeta de felicitación en la que un pollo escuálido se mira en un espejo en el que se refleja un deslumbrante pavo real. La leyenda dice: «Lo que cuenta es lo que ves». Este mensaje no podía ser más adecuado para nuestras hijas. Es posible que al mirar fotos antiguas te hayas dado cuenta de que eras muy atractiva, como te recordaba alguien que te quería. Y quizá hayas pensado alguna vez en lo diferente que podría haber sido tu vida si hubieses sido capaz de verte así. Ahora te toca a ti darle a tu hija la oportunidad de verse con cariño.

48. Ponle un espejo de cuerpo entero y luces favorecedoras

Tu querida hija necesita un espejo, pero no uno viejo colgado en cualquier sitio. Un buen espejo de cuerpo entero que no distorsione la imagen le permitirá sentirse bien con su aspecto vestida o desnuda. Debería estar en una habitación en la que pueda cerrar la puerta y disfrutar de largos ratos de intimidad, por ejemplo en su dormitorio o en el cuarto de baño. Cuando llegue a la pubertad le dará vergüenza desvestirse si no dispone de un espacio privado. Si sólo puede mirarse en el espejo pequeño del baño tendrá que suponer qué aspecto tiene. Y las suposiciones, sobre todo cuando su cuerpo está experimentando tantos cambios, pueden ser desconcertantes.

Cuelgues donde cuelgues el espejo, deberías tener en cuenta cómo está iluminada la habitación. Afortunadamente, ahora hay muchas tiendas de lámparas en las que ofrecen asesoramiento profesional. Steve Strauss, diseñador de Light Forms, de Manhattan, dice que las luces fluorescentes son las más duras y menos favorecedoras, mientras que las nuevas luces complementarias son más equilibradas y se acercan más a la luz natural.

¿Para qué tantas molestias? Cuando alguien se mira en un espejo con una luz favorecedora tiene más posibilidades de verse como le ve la gente que le quiere, explica John Conger, terapeuta bioenergético de Berkeley, California. «Al mirarse al espejo una niña puede verse el lunar de la barbilla, o pensar que debería tener un cuerpo infantil sin pecho en vez de una figura más desarrollada. Pero cuando la ven sus seres queridos se fijan ante todo en su energía emocional. Una luz adecuada puede corregir imágenes negativas. De igual modo que una mujer de caderas anchas puede estar mejor con una falda acampanada lisa que con una recta de cuadros, las luces pueden favorecer más o menos.»

Un espejo de cuerpo entero con la luz adecuada puede tener un efecto mágico cuando tu hija se sienta vulnerable o segura de sí misma. Nunca es demasiado pronto para colgar un espejo. Si lo haces cuando tenga entre dieciocho meses y dos años, periodo en el que aún se considera una extensión de ti, disfrutará mucho viéndose tan poderosa. Cuando crezca y se dé cuenta de que es una persona distinta, más pequeña —fase que Conger denomina «el nacimiento del aspecto»— tal vez sienta un poco de timidez, pero se mirará al espejo y hará una pirueta al ver su reflejo.

Con ocho años se pondrá delante del espejo con atrevimiento, más avergonzada ante su desnudez, pero aún más interesada en el mundo que en su cuerpo. Cinco años más tarde, a los trece, es posible que se mire fijamente, pero sólo después de asegurarse de que la puerta está bien cerrada. No querrá que nadie la juzgue. Completamente desnuda, se verá a sí misma casi como una mujer. Si le has ayudado a amar su cuerpo, esa imagen mágica y poderosa seguirá estando ahí, reflejando a una joven que al descubrir su belleza quizá ejecute otra pirueta.

49. Déjala usar la videocámara familiar para que filme su vida

Consigue una videocámara y dásela a tu hija con una cinta virgen. Incluye una nota explicándole que te gustaría que grabara la historia de su vida. Puede rodar el vídeo en la escuela y en el barrio y dejar la cámara a sus amigas para que la filmen.

Si decide hacerlo podéis compartir el resultado de su trabajo en una reunión familiar o cuando vayáis a visitar a los abuelos. Cuando lo veas con ella descubrirás que es un regalo para las dos. Tú comprenderás mejor su mundo: cómo habla, se mueve y se relaciona con los demás. Y ella podrá ver en qué se está convirtiendo desde otra perspectiva.

50. Dile que te enseñe algo físico que tú no sepas hacer.

Las madres y los padres suelen ser los que enseñan todo a sus hijos, desde atarse los zapatos a coger una pelota o montar en bici. Sin embargo, a tu hija le encantará la idea de invertir los papeles. Si le dejas que te enseñe algo que ella domine se sentirá más segura de sus capacidades físicas.

Cuando Karen le pidió a su hija Samantha, de diecisiete años, que le enseñara algún ejercicio físico, Samantha decidió enseñarle a dar puñetazos. «Yo creo que disfrutó tanto —comenta Karen— porque de esa manera pudo reírse de mí. Me dijo que era una "blanda" y que sería incapaz de luchar con nadie. Le encantó. No aprendí a hacerlo bien, pero me ayudó a darme cuenta de lo duro que debe de ser que siempre te digan lo que tienes que hacer.»

La lección de boxeo tuvo un beneficio añadido. Durante los últimos cinco años la relación de Karen y Samantha había sido muy tensa. Samantha culpaba a su madre del divorcio de sus padres, y sus momentos de cercanía eran muy escasos. De hecho, Karen cree que Samantha decidió enseñarle a luchar porque lo que en realidad quería era pegar a su madre (aunque ninguna de las dos resultó herida).

Cuando estaban en el jardín y su hija se puso detrás de ella para demostrarle cómo debía mover el puño, Karen se dio cuenta de que no se tocaban desde hacía meses. «Nunca habíamos hecho nada físico juntas. Eso era cosa de su padre.» El contacto con su hija hizo que se le saltaran las lágrimas, y entonces empezó a comprenderla. «No podía imaginar que estuviera tan triste. Puede que Mike fuera un mal marido, pero era un buen padre, y ahora vive en el otro extremo del país. Debe de haberse sentido muy desgraciada.»

¿Qué puede enseñarte tu hija? Seguro que te sorprende. Hasta las niñas pequeñas pueden enseñarte algo: a saltar a la cuerda, a tocarte la nariz con el pie o a rugir como su animal favorito. El cambio repentino de papeles os ayudará a recordar lo bien que os sentís jugando juntas.

51. Si estás más delgada que ella no te pongas la ropa que se le haya quedado pequeña

En una sociedad en la que es tan importante la delgadez, las madres esbeltas que se ponen la ropa que se les ha quedado pequeña a sus hijas adolescentes pueden crear situaciones conflictivas. Aunque una niña acabe adelgazando, existe el riesgo de que siempre se considere inferior a su madre.

Andrea, una bailarina de ballet de veintisiete años, recuerda que cuando actuaba en una representación del *Cascanueces* hace más de quince años, su madre apareció en un ensayo con un traje que a ella ya no le valía. «Incluso antes de saber que estaba allí oí el murmullo de los demás. Estaba guapísima y muy orgullosa de estar tan delgada. Yo tenía mucho estrés y había engordado unos cuantos kilos, lo cual me dolía profundamente.» A diferencia de otras madres que iban a recoger a sus hijas, la suya subió al escenario cuando tendría que haber esperado abajo. Cuando Andrea se dio la vuelta y vio a su madre se quedó horrorizada. «Tenía el aspecto que yo debía tener.»

Aunque Andrea acabó creciendo y adelgazando, dice que su madre siempre se mantuvo más delgada, «y me lo demostraba de forma explícita con mi ropa». Cuando se marchó de casa para ir a la universidad su madre fue una vez a visitarla a la residencia, «y se puso una de mis blusas, que le colgaba por todas partes. Muy gracioso, ¿verdad?» Andrea cree que como consecuencia de este tipo de incidentes comenzó a verse «gorda», y dice que aún sigue luchando contra esa imagen. Ahora tiene una hija de tan sólo siete años, pero ya está haciendo planes para resolver los «problemas de ropa» que tenga en la adolescencia. «Cualquier cosa que le quede pequeña irá directamente a la beneficencia. Estoy decidida a evitar que sufra como yo.»

Antes, si había una mujer en la familia con problemas de peso, normalmente era la madre de la hija adolescente. Pero por lo que hemos observado eso ya no es así. Aunque muchos adultos americanos están engordando, la mayoría de las madres que conocemos se esfuerzan por mantener una figura sana y esbelta. De hecho, el porcentaje de mujeres y hombres mayores de cuarenta y cinco años que levantan pesas se ha duplicado desde 1995.[1] Al mismo tiempo, los niños americanos son un 20 por ciento más gruesos que los que crecieron en los años cincuenta. Jane Brody, columnista de salud del *New York Times*, afirma: «La pasión por la forma física que tienen muchos adultos no se ha extendido a las generaciones más jóvenes».[2]

Algunas madres esbeltas se han dado cuenta de que deben tener mucho cuidado. Estar más delgada que una hija puede crear muchas tensiones. La hija puede quejarse de las comparaciones de los demás o creer que su madre la quiere menos por ser «imperfecta». La situación se complica si una niña se parece al padre más corpulento y su hermana tiene el cuerpo del más delgado.

Si en tu familia hay este tipo de discrepancias espera a que tu hija lo plantee. Cuando lo haga deja que hable todo lo posible. Recuerda que si inicia la conversación es porque quiere que la tranquilices respecto al cuerpo que tiene ahora, no al que puede tener dentro de unos años. Si le dices por ejemplo: «No te preocupes, lo superarás» sólo empeorarás las cosas. Sin embargo, le ayudará que reconozcas que tenéis cuerpos diferentes. Después de todo, puedes añadir, es tu hija, no un clon tuyo. Si le demuestras que estás encantada de que sea una persona distinta, se sentirá bien con su cuerpo y no tendrá la necesidad de compararse contigo.

52. Enseña a las niñas adoptadas y multirraciales a apreciar los rasgos diferentes a los de su madre

Lisa, de treinta y dos años, es una americana rubia de ojos azules que está casada con un americano de origen japonés. Su hija de siete años, Anne, se parece mucho a su padre. Es una niña preciosa, con el pelo negro y la tez aceitunada, pero a Lisa le preocupa que ella no lo crea. «Mi hija quiere parecerse a mí. Odia su pelo. He intentado averiguar qué he hecho yo para que rechace sus rasgos asiáticos.»

Lisa no es la única que se enfrenta a este problema. En Estados Unidos hay millones de niños multirraciales, y miles de menores son adoptados cada año por padres de diferente raza.[3] Tener un aspecto distinto al de los padres puede ser una cuestión muy delicada. Las niñas suelen ver a sus madres como el epítome de la belleza, y las más pequeñas desarrollan una visión de sí mismas basada en la imagen que tienen de sus madres.

El problema es aún más complejo en la sociedad occidental, que venera un tipo de belleza nórdico. Por esa razón, las niñas de varias razas, incluidas aquellas que se parecen a sus madres, suelen desear tener rasgos que no poseen ni ellas ni sus madres, como el pelo rubio y los ojos azules. Cuando las niñas son diferentes a sus madres esta situación se complica. Sin embargo, a pesar de las presiones, puedes ayudar a tu hija a verse guapa. He aquí algunas sugerencias:

- **Longitud del pelo:** Si el pelo de tu hija es diferente al tuyo y no sabes qué hacer con él, no se lo cortes porque te resulte difícil manejarlo. Tendrá la impresión de que su pelo no es aceptable. Busca a una mujer que tenga un pelo similar y pídele consejo.

- **Textura del pelo:** Si tu hija tiene el pelo liso no le hagas permanentes para rizárselo; y si lo tiene muy rizado no se lo alises. Este tipo de decisiones las deben tomar las niñas cuando tengan edad suficiente para ocuparse de su pelo. Los tratamientos químicos pueden dañar el cabello. Una vez más, el mensaje que le transmitirías es que su pelo no es aceptable.

- **Respuestas:** Si algún desconsiderado te dice que tu hija no se parece nada a ti, las dos os sentiréis mucho mejor si tienes una respuesta preparada. Por ejemplo podrías decir: «¿De verdad? Pues yo creo que somos idénticas».

- **Grupos de juego:** Si crías a tu hija en un barrio en el que hay pocos niños como ella, busca información en Internet para organizar un grupo de juego con niños de la misma raza o etnia.

- **Collage:** Colecciona fotos de revistas de mujeres con rasgos similares a los de tu hija y anímala a hacer un collage para colgarlo en la pared de su habitación.

53. Recuerda que las niñas blancas no son las únicas que sufren el bombardeo de las imágenes comerciales

Elizabeth, de diecisiete años, que medía un metro setenta y cuatro y pesaba tan sólo treinta y ocho kilos, se veía terriblemente gorda. Era anoréxica, pero sus padres no se dieron cuenta hasta que estuvo a punto de morir. ¿Cómo es posible que no lo vieran? La madre de Elizabeth comenta: «No creía que eso les ocurriera a las niñas negras». El médico de la familia, americano de origen europeo, también se resistía a creer que Elizabeth fuera anoréxica. Reconoce que no vio los síntomas porque siempre había oído que «la mayoría de las mujeres afroamericanas estaban contentas con su cuerpo».

Como mucha gente, la madre de Elizabeth y su médico fueron víctimas de una falsa creencia. Aunque es cierto que los trastornos alimentarios afectan a un número muchísimo mayor de mujeres blancas, no se limitan a un único grupo racial, género o clase socioeconómica. Sin embargo, los mitos y los estereotipos respecto al aspecto físico de algunos grupos raciales se siguen perpetuando.

Algunas niñas latinas, por ejemplo, están descontentas con su cuerpo porque creen que todas las latinas deberían tener los pechos grandes. A algunas niñas asiáticas no les gusta su figura porque se supone que todas las asiáticas deben ser pequeñas. Algunas niñas blancas creen que tienen el trasero demasiado grande porque se supone que todas las blancas lo deberían tener «plano». Los estereotipos raciales pueden hacer que las niñas se vean mal y hagan dietas y/o ejercicio de forma obsesiva. Y como en el caso de Elizabeth, estos estereotipos pueden confundir a los médicos a la hora de abordar los problemas de salud.

A pesar de estas ideas erróneas, deberíamos preguntarnos cómo gente tan razonable en otros casos no ha visto la relación entre las niñas afroamericanas y los trastornos alimentarios. El malentendido se remonta a comienzos de los años noventa, cuando se realizó un estudio en el cual el 90 por ciento de las mujeres blancas, frente al 30 por ciento de las afroamericanas, afirmaron estar insatisfechas con su cuerpo. La noticia de que las afroamericanas estaban más satisfechas con su aspecto fue difundida por los medios de comunicación. Y como en esa comunidad hay una mayor tolerancia hacia las mujeres gruesas, la idea parecía tener sentido. Pero a partir de ese momento las cosas se complicaron cuando se añadió un estereotipo a otro.

Por desgracia, mucha gente considera a las afromericanas como un grupo monolítico. La comunidad afroamericana tiende a registrar un alto índice de obesidad: alrededor de un 66 por ciento de las mujeres negras, frente a un 47 por ciento de las blancas, tienen problemas de sobrepeso.[4] Esto ha inducido a mucha gente a pensar que casi todas las mujeres negras son obesas. Tras haber oído hablar del estudio al que hemos hecho referencia, algunos también acabaron convencidos de que la mayoría de las afroamericanas se sienten cómodas estando obesas. Y por último, al aceptar el mito de que sólo las chicas blancas y ricas tienen anorexia, comenzaron a creer que las afroamericanas no son propensas a sufrir trastornos alimentarios.

Ese batiburrillo de creencias puede explicar por qué, hace unos cinco años, cuando Pamela Scott-Johnson, psicóloga del Spelman College de Atlanta, comenzó a investigar la bulimia y la anorexia entre las afroamericanas, la gente le dijo: «No hay ningún problema. Eso no les ocurre a las mujeres negras». Pero a ella le estaban contando otra historia los orientadores de otras universidades históricamente negras «que veían a muchas niñas que padecían trastornos alimentarios. Nadie sabía qué hacer al respecto».

Desde entonces Scott-Johnson ha llevado a cabo un estudio a pequeña escala entre las afroamericanas de la zona de Atlanta y ha encontrado síntomas de malnutrición en un pequeño porcentaje de las chicas y mujeres entrevistadas. Aproximadamente un 10 por ciento de las que comían poco eran bulímicas o anoréxicas. Scott-Johnson constató también un ligero aumento de las mujeres que pasaban hambre, que muchas describieron como «ayuno» o «limpieza de colon». Ha sido incapaz de conseguir fondos para un estudio más detallado. Dice que muchos investigadores blancos han decidido ya que la mayoría de las afroamericanas están gordas. «Hay pocos datos que sustenten la idea de que las afroamericanas podemos comer poco.»

¿Cómo explica el alto grado de satisfacción de las mujeres negras en los estudios sobre la imagen corporal? Scott-Johnson cree que las investigaciones actuales están centradas en las mujeres blancas y no tienen en cuenta las diferencias culturales entre las afroamericanas. Con un criterio similar, la revista *Essence* encargó en 1994 una encuesta sobre trastornos alimentarios. Los investigadores concluyeron a partir de las dos mil respuestas obtenidas que las mujeres afroamericanas sufrían trastornos alimentarios en la misma proporción que las mujeres blancas.[5]

Otra psicóloga que trabaja en este campo, Shanette Harris, profesora de la Universidad de Rhode Island, tiene su propia teoría respecto a la discrepancia entre lo que está ocurriendo en la comunidad afroamericana y lo que reflejan los principales estudios sobre la imagen corporal. Harris señala que muchas de las afroamericanas entrevistadas en estos estudios podrían afirmar que están satisfechas con su cuerpo de forma intencionada. «Las mujeres negras suelen decir cosas positivas sobre sí mismas en público porque ya hay bastante negatividad a su alrededor.» Harris añade que las entrevistadoras de estos estudios suelen ser blancas, y esto también influye en las respuestas. «Las afroamericanas no van a sentarse enfrente de las mujeres a las que consideran modelos de perfección física para criticar su cuerpo y su vida.» La clase social de la entrevistadora es otro factor importante. Harris cree que si una mujer negra de clase media entrevistara a mujeres de la misma raza de clase trabajadora, las entrevistadas podrían desconfiar y poner en duda la utilización de sus comentarios.

Lo que resulta obvio es que las mujeres afroamericanas no son diferentes de las de otros grupos étnicos a la hora de someterse a la influencia negativa de los medios de comunicación, en los que se idealiza tanto la delgadez. Naturalmente, no tiene nada de malo que las mujeres de cualquier raza estén guapas y esbeltas, siempre que no se obsesionen por tener ese aspecto. El mensaje para todos los padres es que podemos enseñar a nuestras hijas que si hacen ejercicio y llevan una dieta sana podrán amar su cuerpo tal y como es.

54. Piénsalo bien antes de enviarla a un campamento para adelgazar

La mayoría de los padres que tienen hijas con problemas de obesidad han oído hablar de los campamentos de verano que prometen hacer adelgazar a los niños con sobrepeso. Si estás pensando en enviar a tu hija a uno de esos campamentos deberías tener en cuenta que si no tratas el asunto con delicadeza la niña podría verse como el miembro de la familia que tiene un «problema» que hay que «solucionar».

Si estás considerando alguno de estos campamentos recuerda que la mayoría suele tener un alto índice de reincidencia. Así pues, además de preguntar por las técnicas que utilizan, es importante que pidas información sobre el índice de éxitos. Averigua también si tienen programas de seguimiento para mantener los resultados.

Los niños tienden a perder peso en estos campamentos, y cuando vuelven a casa reciben mucha atención positiva respecto a sus progresos. Pero a comienzos de diciembre muchos han recuperado el peso que perdieron y unos cuantos kilos más. Estos contratiempos pueden hacer que se sientan más defraudados con su cuerpo. Y en algunos casos se sienten abandonados por sus padres y creen que los están castigando por estar gordos.

Si optas por uno de estos centros explícale a tu hija que su cuerpo no es un «problema» y que su experiencia ayudará a toda la familia a crear un ambiente más adecuado para que todos adopten una forma de vida sana. A la vuelta de un campamento, una niña le pidió a su madre que sirviera menos queso y carne roja. Hasta entonces la familia había consumido muchos alimentos ricos en calorías, como filetes, chuletas, asados, pizzas y macarrones con queso. Cuando redujeron el exceso de grasa y colesterol de su dieta todos se sintieron mejor.

Por último, deberías considerar también los beneficios de los campamentos para adelgazar. Rodeada de niños con situaciones similares, tu hija puede tener más posibilidades de participar en deportes y actividades que antes evitaba porque temía no estar a la altura o que se burlaran de ella. También es probable que se sienta mejor aceptada por sus compañeros de campamento. Después de considerar las ventajas y los inconvenientes, toma una decisión bien meditada que, ante todo, ayude a tu hija a ver su cuerpo como una bella obra en evolución.

55. Corta o cubre la talla de su ropa

Es muy fácil acabar siendo víctima de la obsesión por las tallas. Si durante gran parte de tu vida has deseado tener una talla menor, no hay ninguna razón para que transmitas esa desgracia a tu hija. Su imagen no debería ir unida a un número que, por cierto, varía de un fabricante a otro.

Si al llegar a la pubertad aumenta de talla por cualquier motivo puedes desviar su atención de ese detalle recortando las etiquetas de su ropa. También puedes coser o pegar una cinta con su nombre sobre las etiquetas. De ese modo su ropa dirá quién es, Laurie Smith, no que utiliza la «talla cuarenta y seis». Dile que te ayude a cubrir o cortar esas etiquetas (también puede hacerlo con su padre, su cuidadora o la abuela). Comparte con ella tus experiencias hablándole de la energía que has perdido deseando usar una talla menor o de lo incómoda que te sentías cuando no te valía una talla determinada. Asegúrale que mientras lleve una dieta sana y se mantenga activa tendrá una talla perfecta.

56. Ayuda a las niñas con cuerpos «perfectos» a comprender que son más que una cara bonita

Todos hemos oído eso de que «No es fácil ser guapa». Debe de ser una broma, ¿verdad? ¿Cómo puede ser un problema tener un «aspecto perfecto»? Lo cierto es que las chicas atractivas pueden ser vulnerables por la misma razón por la que sufren algunas bellezas de Hollywood. En una sociedad en la que se da tanta importancia a la imagen, algunas niñas creen que sólo son un cuerpo y no desarrollan los recursos internos que necesitan para afrontar las decepciones de la vida.

También hay que tener en cuenta la amarga ironía de que en un mundo en el que se valora tanto la perfección física se considere «estúpidas» a las mujeres guapas. Algunas niñas con un aspecto perfecto acaban siendo víctimas de este cruel estereotipo y comienzan a verse demasiado «estúpidas» para aprender cualquier cosa.

A las chicas que ceden a las presiones ajenas y se centran en su imagen les suele aterrar perderla. Como es lógico, saben que la perfección está sujeta a los caprichos de la moda. Y como su poder va unido a algo que por definición es efímero, les preocupa lo que pueda ocurrir cuando dejen de ser perfectas. Por la misma razón, experimentan el amor como algo provisional. Al igual que una persona rica puede dudar de los motivos de la gente que dice quererla, las chicas atractivas suelen cuestionar el amor que les profesan los demás. Sus amistades también pueden estar condicionadas por su aspecto, y en muchos casos envidian a otras chicas.

Hemos conocido a jóvenes «perfectas» que ante la presión social dejan de desarrollar sus cualidades internas y basan su autoestima en su aspecto. Si un chico las desprecia creen que es porque no son lo bastante guapas. También conocemos a una chica «perfecta» que reaccionó ante esta presión poniéndose ropa poco atractiva y comiendo de la peor manera posible. Afortunadamente, también podemos decir que conocemos a una chica impresionante —a los trece años ya dejaba a la gente boquiabierta— que lo tiene todo. Rita, amante de la fotografía y escritora, ha desarrollado una rica vida interior. De hecho, parece que está iluminada por dentro.

Si la «perfección» física es un problema para tu hija, puedes ayudarla a crear un equilibrio en su vida para que pueda verse guapa en todos los sentidos. He aquí algunas sugerencias:

- Enséñale a desviar la atención de su aspecto diciendo algo tan sencillo como «¿Te gustaría oír cómo toco la guitarra?». Explícale que no es una presunción, sino una manera amable de decir que es algo más que una cara bonita.

- Enséñale a aceptar los cumplidos sinceros. Muchas mujeres atractivas se sienten tan abrumadas por su aspecto que son incapaces de apreciarlos.

- Puesto que la belleza no es suficiente para tener una vida interesante, anímala a desarrollar aficiones propias. La madre de una niña a la que le gustaba leer y escuchar música de Judy Garland ayudó a su hija a participar en un club de fans dedicado a esta actriz.

- Si le gusta ver la televisión dile que se fije en los anuncios de deportistas, famosos o niños que en contra de lo previsto sorprenden a los demás haciendo comentarios muy inteligentes. Explícale que este tipo de anuncios son contraintuitivos: no es lo que la gente espera. Dile que hay falsas suposiciones que puede utilizar a su favor. Si alguien supusiera, por ejemplo, que no puede ser inteligente porque es muy atractiva, su capacidad intelectual podría ser para ella un don muy especial. Para conseguirlo podría aprender una palabra nueva cada día con el fin de tener un extenso vocabulario. Quizá quiera comenzar con la palabra «contraintuitivo».

57. Si es discapacitada enséñale a ver su cuerpo bello

Algunos padres de niñas discapacitadas intentan ignorar las imperfecciones físicas de sus hijas. Tal vez crean que así se lo ponen más fácil, pero los silencios y las miradas esquivas pueden transmitir un mensaje de vergüenza que las niñas interiorizan. Enseñar a nuestras hijas a amar su cuerpo significa conseguir que se sientan en paz y acepten todos los aspectos de su ser.

Eso es algo que Toni Daniels, de cuarenta y siete años, aprendió muy pronto. Toni contrajo la polio a los tres años, y desde entonces tuvo problemas para andar. Sin embargo, su madre, Loyce De Augustino-Todd, le enseñó a ver sus piernas y sus pies como bienes preciados. «Desde los trece años me llevaba a la pedicura», dice Toni. Al principio le resultaba violento que le tocaran los pies, pero aprendió a disfrutarlo. Para cuando fue a UCLA su madre la había convencido para que incluyera masajes y manicuras en su lista de cuidados esenciales. Toni cree que todo esto la ayudó a tener un sentido más profundo de su identidad y a amar todo su cuerpo.

Además de prestar una atención especial a las zonas más afectadas del cuerpo de tu hija, puedes potenciar su autoestima física ayudándola a hacer las paces con las causas de su discapacidad. Cualquier resentimiento que siga albergando puede hacer que vea su cuerpo como un error.

Al destacar la importancia del perdón, Toni, que es afroamericana, habla de su infancia en Meridian, Mississippi, cuando comenzó a tener fiebre, dolores de cabeza y garganta y vómitos: síntomas familiares para muchos durante la grave epidemia de polio de Estados Unidos. En 1952 más de 57.000 personas fueron afectadas por el virus, que ataca a las células nerviosas que controlan los músculos de las piernas, los brazos, el diafragma, el abdomen y la pelvis. Aunque la parálisis de Toni se estaba extendiendo, se negaron a tratarla en un hospital local porque no admitían a «gente de color». Unas horas después, las enfermeras de otro hospital estuvieron a punto de echarla cuando un joven médico blanco, que se dio cuenta de que sufría un paro respiratorio, insistió en atenderla. Para entonces tenía la parte inferior de la espalda y las dos piernas paralizadas.

A pesar de esta pérdida, Toni afirma que es capaz de amar su cuerpo porque su familia no reaccionó de forma negativa ante su discapacidad. «No dijeron: "Te ha ocurrido esto porque la gente blanca te rechazó" sino "Estás viva porque una persona se portó bien contigo. También tú puedes crecer y ayudar a los demás"». Eso es ló que ha hecho. Además de obtener una licenciatura realizó un máster en administración de empresas, y en 1991 fue contratada como directora de promoción y admisión del General Theological Seminary de Manhattan, una institución episcopalista de cursos de posgrado. Su trabajo le exige viajar miles de kilómetros al año para pronunciar conferencias conmovedoras que atraen a numerosos alumnos al sacerdocio. En un intento de mejorar su imagen, Toni ha añadido a su régimen personal cuatro días a la semana de ejercicios físicos.

Toni ve su triunfo como el resultado de los esfuerzos de su madre para convencerla de que debía amar su cuerpo y su determinación para buscar un modelo, alguien que hubiera encontrado dificultades similares en su vida y las hubiera superado. Toni recomienda a los padres de niños discapacitados que hagan lo mismo; que se pongan en contacto con varias instituciones que trabajen con gente con necesidades especiales y pidan consejo a los adultos que estén dispuestos a mejorar la vida de un niño.

El modelo de Toni fue también su cuidadora: Wilma Rudolph. Si te suena familiar ese nombre, tal vez sea porque fue la primera americana que ganó tres medallas de oro en los Juegos Olímpicos. Conocida como «la mujer más rápida del mundo», Rudolph tenía algo en común con Toni. Hasta los doce años fue incapaz de andar sin zapatos ortopédicos como consecuencia de la polio y la escarlatina. La madre de Toni conoció a Rudolph cuando daba clases en la Tennessee State University, donde se encuentra la sede olímpica estatal.

Rudolph murió en 1994, tres días después que la madre de Toni. Al mirar hacia atrás Toni dice que aprendió de ambas mujeres que, en lo referente a ganar y perder, lo más importante es centrarse en la fortaleza interior. Esto es lo que dijo Rudolph de su victoria olímpica en Roma en 1960: «Hay que tener nervios de acero y mucho coraje para estar ahí... Sólo pude oír los vítores cuando la carrera terminó».[6]

VIII. FUERZA EMOCIONAL

Lo que sienta determinará cómo trate su cuerpo

Una de las formas más eficaces de potenciar la autoestima corporal de tu hija es ayudarla a desarrollar su inteligencia emocional. El control de su vida emocional determinará cómo cuide su cuerpo, cómo lo valore, si exige que lo traten con respeto e incluso si puede ayudarla a alcanzar sus sueños. En definitiva, el hecho de que su cuerpo y su mente estén en armonía o en conflicto determinará su futuro.

58. Explícale la relación entre la mente y el cuerpo

Los estudios científicos de esta era han confirmado que la mente y el cuerpo están interrelacionados. Puesto que el sistema nervioso conecta todas las células del cuerpo a la mente, las molestias físicas, e incluso las enfermedades, pueden estar condicionadas por sentimientos e ideas conscientes e inconscientes. Por ejemplo, es posible que tu hija haya vomitado alguna vez después de haber oído algo que le ha sentado mal; su náusea ha podido estar causada por una reacción cerebral.[1] O puede que conozcas a una niña que cuando se pone nerviosa tiene urticaria. Esos brotes se pueden deber a que el sistema nervioso simpático (que controla las respuestas físicas a las emociones) se acelera y envía demasiada sangre a los vasos sanguíneos.[2]

Que comprendamos la conexión entre la mente y el cuerpo no significa que no vayamos a sentir nunca molestias. Además, algunas veces un dolor de cabeza es simplemente un dolor de cabeza. Y a la hora de considerar un trastorno grave hay que tener en cuenta los factores genéticos y medioambientales. Sin embargo, es importante que enseñes a tu hija a asumir un papel activo en el cuidado de su salud con tratamientos convencionales y un enfoque físico-mental. Si aprende a cuidarse e identifica las emociones que quizá haya ignorado hasta ahora tendrá muchos más recursos para sentirse mejor.

Si por ejemplo tiene dolores de estómago o catarros recurrentes, además de consultar a un médico, anímala a escuchar su «diálogo interno» y a interpretar el mensaje que hay detrás de los síntomas. Llevar un diario es una de las maneras más eficaces de establecer un «diálogo interno». Dile que doble una hoja de papel en cuatro columnas. En la de la izquierda puede describir sus síntomas físicos. En la siguiente dile que escriba qué puede haber ocurrido para que se sienta mal: puede que una amiga la haya despreciado en el recreo o que un compañero se haya burlado de ella. (Explícale que aunque su malestar físico esté relacionado con un trastorno emocional eso no significa que el dolor sea imaginario.) En la siguiente columna puede comentar «Qué he hecho». Podría escribir: «Me he reído con los demás para que no se dieran cuenta de que me ha dolido» o «He llorado». En la última columna dile que anote lo que le hubiera gustado decir, como por ejemplo: «¡Eres un idiota! Ojalá te hubiese castigado el profesor». Aunque no sienta un alivio inmediato será consciente de que se está haciendo cargo de su salud física y emocional.

Pocas niñas comprenden la relación entre la mente y el cuerpo mejor que la hija de Elane, Danielle, de quince años, a quien diagnosticaron una leucemia mieloblástica aguda. Mientras los médicos y su familia hacían todo lo posible para ayudarla (su hermano Deren le donó su médula, un procedimiento muy doloroso), Danielle utilizó la fuerza de su mente y su cuerpo para luchar por su vida. He aquí un compendio de algunos fragmentos de su diario:

Todo comenzó cuando empecé a coger catarros que parecían curarse, y mi familia pensaba que era normal. Luego la situación empeoró. Estaba muy cansada y sabía que tenía algo malo. Fui al médico y después a urgencias, donde me diagnosticaron una leucemia. Estaba asustada porque me daba cuenta de que podía morirme. Pero ya había estado asustada otras veces. Juego al fútbol como delantera, y sé que por mal que vayan las cosas si luchas por seguir adelante siempre hay una luz al otro lado del túnel. Sabía que el cáncer sería un obstáculo, pero que podría superarlo.

No basta con tener una actitud positiva. No pretendía que todo fuese bien. Algunas veces estaba triste o enfadada, y lloraba, pero la mayor parte del tiempo, no me lo puedo creer, me sentía feliz. La música significaba mucho para mí, como lo que había aprendido en la iglesia de que Dios nunca me abandonaría. No podría haber hecho esto sin mi familia, mis amigos y el apoyo de mis compañeros.

La quimioterapia fue dura, pero el transplante fue horrible. Me sentía como si la radiación estuviera destruyendo mi cuerpo, pero sabía que nunca llegaría a mi espíritu.

Ahora que estoy mejor sé qué quiere decir la gente cuando dice que hay una luz al otro lado del túnel. La luz es la vida. Aunque el cáncer ha sido lo peor que me ha pasado estoy agradecida por ello. Me levanto por las mañanas con más aprecio y gratitud por la vida que me rodea. A veces, durante el día, hago una pausa, salgo de mi cuerpo y me veo viva en cada instante. Agradezco profundamente que mi vida sea una bendición.

Danielle cree que es importante recordar que la supervivencia no es siempre un triunfo de la mente sobre la materia. En el hospital conoció a una niña que también expresaba sus sentimientos y recibía apoyo y amor de los demás, pero no pudo vencer al cáncer. Danielle sabe que aunque estableciendo una relación entre el cuerpo y la mente no siempre se gana, una persona tiene más posibilidades de responder al tratamiento si se implica emocional y espiritualmente en la lucha.

Fortalecida por su victoria, Danielle ha creado la Danielle Teen Foundation y distribuye «paquetes de cuidado personal» —que incluyen lociones corporales, polvos y perfumes— a adolescentes que padecen enfermedades graves. Dice que se está centrando en las adolescentes porque cuando estuvo hospitalizada se dio cuenta de que era emocionalmente distinta a los pacientes con cáncer más jóvenes. Las adolescentes suelen considerarse inmortales, pero cuando se enfrentan a una dolencia grave su capacidad abstracta les permite imaginar su propia muerte, lo cual puede provocar estados depresivos. «Yo creo que la depresión es peor que el cáncer, porque hace que el cuerpo sea más débil y vulnerable», explica Danielle. Poco después de crear su fundación recibió aportaciones y numerosas ofertas de ayuda por parte de jóvenes y adultos, así como el apoyo de un hospital local.

Si quieres que tu hija comprenda mejor la conexión entre la mente y el cuerpo consigue un ejemplar de *Usted puede sanar su vida*, de Louise L. Hay, que incluye un sencillo cuadro de síntomas y las emociones con las que pueden estar relacionados.

59. Enséñale algunos ejercicios para liberar la ira

Cuando esté furiosa contigo, con un hermano o con un compañera de clase, tu hija debería saber cómo eliminar la ira de su cuerpo. La ira es una emoción muy poderosa que puede provocar reacciones negativas, pérdida de concentración y malestar.

Uno de los ejercicios que puede hacer fuera de casa consiste en escribir réplicas furiosas en papel higiénico o en pañuelos de papel. Estas notas las puede componer en el cuarto de baño o en cualquier otro lugar donde pueda estar un rato sola. He aquí un posible ejemplo: «Amy, esto es lo que quería decirte cuando me has puesto ese monigote en la espalda...». Dile que, como nadie más va a leer lo que escriba, puede expresar su ira con total libertad.

Es curioso observar cómo las niñas que se consideran dulces y amables (y puede ser cierto) conectan con el poder de su ira durante estos ejercicios. Algunas utilizan palabrotas por primera vez y hasta se ponen coloradas mientras escriben lo que les gustaría haber dicho. Explica a tu hija que uno de los aspectos más importantes de estas notas es deshacerse de ellas. Cuando rompa el papel puede imaginar que está destruyendo a la persona que la ha enojado. También les gusta tirar los trozos de papel por el váter y suponer que al dar a la bomba sus enemigos desaparecen con el agua.

A las niñas menores de ocho años les encanta expresar su ira con plastilina de colores. Recuerda que no debes juzgar a tu hija si decide compartir contigo sus sentimientos de ira, sobre todo si van dirigidos a ti. Con tu apoyo le demostrarás que, bien expresada, la ira puede ser muy útil.

Es importante que tu hija sepa que la ira no es una emoción «mala»; nuestra supervivencia depende de ella. La gente se enfada cuando se siente amenazada físicamente, cuando atentan contra su dignidad, cuando recibe un trato injusto, cuando la insultan o la humillan o cuando se frustran sus objetivos.[3] La ira nos ofrece la oportunidad de conocer aspectos ocultos de nosotros mismos y de nuestros seres queridos. Los ejercicios para expresar la ira son estupendos porque no hacen daño a nadie y permiten que la mente y el cuerpo se liberen de unas emociones que de otro modo pueden quedarse dentro.

Cuando tu hija esté en casa puedes hacer este ejercicio con ella. Sentadas de espaldas, una de las dos debe hablar durante tres minutos para expresar lo que sienta. La otra sólo puede murmurar. Si la primera deja de hablar antes de que se pasen los tres minutos, la otra debe permanecer en silencio hasta que se acabe el tiempo para comenzar a hablar. Seguid turnándoos hasta que las dos hayáis dicho lo que queríais decir. Cuando terminéis deberíais charlar durante cinco minutos como mínimo para sentiros cerca la una de la otra.

También puedes colocar una diana de velcro en su habitación para cuando necesite liberar su ira después de desahogarse contigo o con otro miembro de la familia. Cada vez que dé en el blanco con la pelota de velcro puede seguir expresando su ira. Este tipo de ejercicios indicará que estás educando a tu hija en un entorno en el que hay espacio para todo tipo de emociones.

60. Enséñale a relajarse antes de una situación difícil

Cuando son pequeñas y se sienten dolidas o tristes, nuestras hijas pueden acudir a nosotras para que las consolemos. Pero a medida que crecen y son más independientes deben aprender a buscar en su interior los recursos que necesitan en los momentos más estresantes, como las presentaciones escolares o los encuentros conflictivos. Al enseñar a tu hija a reducir su nivel de estrés le transmitirás un mensaje muy importante: que ya tiene en su interior lo que necesita para relajar su cuerpo. He aquí algunas sugerencias:

■ **Respiración consciente:** Este ejercicio es perfecto para que tu hija lo haga en la escuela, porque no tiene que cerrar los ojos ni apartar la mirada de la parte delantera de la clase. Explícale que cuando era muy pequeña y se enfadaba arqueaba la espalda y contenía la respiración porque eso es lo que hacen los bebés, a veces hasta que se ponen rojos. Aunque cuando crecemos aprendemos a controlar esta reacción, en muchos casos tensamos los músculos y respiramos rápidamente sin darnos cuenta. Enséñale a respirar de un modo que le permita calmarse, pensar con claridad y mantener la compostura ante los demás. Comienza explicándole que aunque con el tiempo será capaz de realizar este ejercicio sentada sin mover las manos, al principio debe hacerlo de pie con una mano sobre el estómago. Al inspirar puede inflar el estómago como un globo, y al echar el aire debería meterlo. Al cabo de unos minutos su cuerpo y su mente comenzarán a relajarse.

- **Meditación:** Este ejercicio lo puede hacer sentada con los ojos abiertos, pero si está en clase tendrá que buscar un momento en el que pueda distraerse, como la hora de estudio. Dile que comience relajándose con la respiración y que se centre en algo atractivo, por ejemplo en un cuaderno en el que haya puesto un dibujo o una foto que le guste. Dile que mire fijamente ese objeto y que intente no pensar en nada más. Si el ruido o las voces la distraen puede fijarse en ellas antes de volver a centrarse en el punto focal. Cuando piense o sienta algo que interrumpa su concentración deberá recordar que en ese momento lo más importante es la imagen que ha elegido. Luego dile que se fije en todos los detalles de ese objeto para ver aspectos que quizá no haya advertido nunca. Puede continuar con este ejercicio durante dos o tres minutos. Cuando termine se sentirá mucho más tranquila.

- **Visualización:** Puesto que incluso a los adultos nos aterra la idea de hablar en público sobre temas que dominamos, es comprensible que a nuestras hijas no les entusiasme hacer presentaciones delante de toda la clase o participar en las asambleas escolares. Al menos cuando los adultos hablan podemos esperar que el público sea amable y receptivo, pero eso no suele ocurrir en las escuelas.

  Cuando tu hija aprenda a hacer visualizaciones podrá afrontar estas situaciones con aplomo. Una semana antes de la presentación, además de preparar su trabajo puede pasar unos minutos al día sentada o tumbada en una habitación donde nadie la distraiga. Con los ojos cerrados, dile que relaje su cuerpo respirando y que intente verse tranquila estudiando la información a fondo.

  Mientras siga respirando conscientemente dile que se imagine a sí misma absorbiendo la luz del conocimiento. Esta luz continuará envolviéndola cuando abra la puerta de la clase, vaya al estrado y comience su presentación. Al mirar hacia delante verá a todo el mundo iluminado con un resplandor similar. También podrá ver lo cómoda que se siente con su cuerpo mientras habla. Al concluir la visualización oirá los aplausos de sus compañeros. Cuando aplaudan con más fuerza puede abrir los ojos. Dile que practique este ejercicio hasta el día de la presentación.

61. Potencia su sentido del humor

La risa puede ayudar a tu hija a relajar la tensión corporal y a sentirse más optimista respecto a su futuro inmediato. La escritora Laura Day afirma: «Cuando nos reímos nuestro cuerpo produce el mismo tipo de sustancias químicas que cuando bailamos, nos dan un masaje o realizamos otras actividades placenteras».[4] El humor es también una excelente terapia que ayuda a la gente a sobrevivir en momentos difíciles. Con todos los problemas que acompañan a la adolescencia, a tu hija y a ti os vendrá muy bien reíros de las situaciones absurdas de la vida.

En cuanto a los motivos que puedan provocar la risa de tu hija, deberías saber que los niños tienden a seguir las pautas de sus padres. En algunas familias sus miembros suelen reírse unos de otros. Reírse a costa de los demás nunca es una liberación del espíritu ni mejora el estado de ánimo. Pero hay algunas maneras de estimular una risa sana. He aquí algunas sugerencias:

- Anima a toda la familia a ir a un karaoke. Os partiréis de risa mientras cantáis a voz en cuello.

- Organiza una olimpiada familiar para competir con los niños en las categorías que ellos elijan, que pueden incluir volteretas o carreras de triciclo. No olvides invitar a los abuelos.

- Leed en voz alta cuentos y poesía para niños. Roald Dahl, Shel Silverstein y Jack Prelutsky son algunos de los poetas más divertidos. Ten también en cuenta los libros del escritor e ilustrador James Stevenson.

- Demuestra a las niñas mayores de quince años que el humor es a veces una buena respuesta ante el dolor. Anima a tu hija a ver contigo *La vida es bella*.

- Vete con ella a una representación del Circo del Sol. En este inteligente y conmovedor espectáculo los artistas realizan proezas increíbles con sus cuerpos. Y no olvides las comedias de Shakespeare. *La fierecilla domada*, por ejemplo, es muy divertida. Antes de acudir a una función de teatro tal vez quieras explicarle el argumento.

■ Si tu hija tiene más de diez años llévala a ver películas de Charlie Chaplin, los hermanos Marx, Buster Keaton y W. C. Fields. El talento de estos cómicos es un tesoro que se debería compartir.

■ Alquila un vídeo de los Teleñecos o de Robin Williams, como *La señora Doubtfire* o *Patch Adams*. Aunque tu hija ya haya visto estas películas se divertirá mucho riéndose con toda la familia. Con niñas mayores de trece años puedes ver *Tootsie*, en la que Dustin Hoffman interpreta a un personaje que se disfraza de mujer. Esta película puede dar pie a una interesante conversación sobre el cuerpo femenino y cómo lo perciben los demás. También son muy amenas *Despertando a Ned* y *Los dioses deben de estar locos*.

62. Deja que llore

Cuando nuestras hijas son pequeñas vamos corriendo en su ayuda en cuanto las oímos llorar. Los datos indican que los niños a los que sus padres cogen en brazos cuando lloran durante su primer año de vida son menos quejicas más adelante. A medida que van creciendo y siguen manifestando su malestar con lágrimas nos encanta reconfortarlas en nuestros brazos mientras nos rodean las caderas con sus piernas. Estos preciados momentos son algo que echamos de menos en cuanto crecen.

Por lo tanto, es perfectamente normal que cuando llegan a la adolescencia y son demasiado grandes para cogerlas aún queramos abrazarlas y enjugar sus lágrimas. Pero hay una buena razón para que no nos dejemos vencer por esa tentación.

Cuanto más mayores son menos lloran, y llorar es muy beneficioso. El llanto produce unas sustancias que pueden alterar de forma positiva la bioquímica corporal, porque contribuyen a liberar toxinas y reducir el nivel de tensión. Por eso la gente se siente mejor después de «llorar a lágrima viva».[5]

Aunque te resulte difícil no consolar a tu hija, si te contienes le darás la oportunidad de experimentar sus sentimientos. Al cabo de unos minutos, en vez de prometerle que «todo irá bien», siéntate a su lado y estate con ella. Intenta susurrar cosas como «Es terrible» o «Vaya faena».

También deberías contenerte si va corriendo a su habitación y da un portazo. Déjala un rato sola con su tristeza para que aprenda a tranquilizarse. Unos minutos después dile lo que necesita oír: que estás ahí pase lo que pase y que quieres ayudarla. Así le demostrarás que aceptas sus emociones, y de esa manera se sentirá mejor consigo misma.

63. Respeta sus amistades

¿Qué tienen que ver las amistades con el estrés emocional y la imagen corporal? Muchísimo. Hace tiempo que los científicos han comprobado que los seres humanos responden al estrés preparándose para pelear o huyendo. Pero hay nuevos datos que indican que las mujeres pueden reaccionar de otro modo. Según un estudio realizado por Shelly E. Taylor, profesora de psicología de la Universidad de California, ante una situación estresante las niñas y las mujeres suelen buscar el apoyo de los demás en vez de ponerse agresivas o huir.[6]

Los resultados de este estudio son aún preliminares. Pero los padres que han visto a una niña relajarse cantando una nana a una muñeca, o a una adolescente que después de dar un portazo se pone a hablar por teléfono con una amiga, saben que en esto tiene que haber algo de cierto.

Con quién se relacione tu hija también influirá en su imagen corporal. Cuando las adolescentes comienzan a alejarse de sus padres suelen recurrir a sus amigas para pedirles consejo sobre temas sexuales o el consumo de drogas y alcohol. Evidentemente, cuanto más sensatas sean sus amigas más razonables serán sus consejos. Aunque no puedes elegir las amistades de tu hija, cuando aún sea pequeña puedes ponerla en contacto con niñas cuyas familias tengan valores similares a los tuyos. Sin embargo, después de orientarla en la dirección adecuada debes confiar en su instinto a la hora de decidir con quién quiere pasar el tiempo.

Para cuando tu hija llegue a la secundaria es probable que siga conservando algunas amigas de la infancia. Algunas niñas también mantienen buenas amistades con chicos. Estas relaciones platónicas pueden ser muy útiles. Los chicos suelen ofrecer a las niñas que consideran sus amigas importante información para mantener su integridad con otros chicos. Además, deberías alegrarte si tu hija no forma parte de la «movida». Las chicas «populares» suelen ser las que siguen las pautas mediáticas para determinar cómo deben ver su cuerpo.

También puedes ayudar a tu hija a mantener sus amistades demostrándole la importancia de estas relaciones. Si ve que haces un esfuerzo para relacionarte con tus amigos aunque no tengas mucho tiempo, respetará su necesidad de tener amistades. Intenta convertir tu casa en un lugar de encuentro donde pueda reunirse con sus amigas.

Si tu hija es independiente y solitaria, como muchas niñas fuertes, proponle actividades en las que pueda conocer a otras chicas como ella, por ejemplo un campamento de verano especializado o una actividad extraescolar. Si os habéis trasladado a otro barrio y ha dejado atrás buenas amistades, hazle saber que comprendes su pérdida y anímala a establecer nuevas relaciones. Por último, como algunas niñas tienen más necesidad de pertenecer a un grupo que de tener una amiga especial, ayúdala a participar en un club de Scouts o de otro tipo.

64. Enséñale a «leer» sus fotos

El fotoanálisis, o estudio psicológico de las fotografías, puede ser la base para una actividad muy divertida que ayudará a tu hija a comprender que sus emociones se reflejan en su cuerpo. La idea de que las fotos, al igual que la escritura y los sueños, pueden ofrecer pistas para acceder al subconsciente, partió del doctor Robert U. Akert. En su último libro, *Photolanguage: How Photos Reveal the Fascinating Stories of Our Lives and Relationships*, Akert explica que las fotografías son «como espejos con memoria». Cuando tu hija y tú comencéis a mirar sus fotos teniendo en cuenta cómo se sentía en un momento determinado, nunca las volveréis a ver de la misma manera. Enróllate una toalla en la cabeza y ponte unos pendientes de aro para convertirte en Madame Zenobia y estarás lista para leer sus fotos. Sigue estas pautas:

1. **Prepara el material:** Reúne una serie de fotos de cuerpo entero en las que aparezca tu hija a lo largo de un periodo de tiempo.

2. **Invita a tu hija a participar:** Extiende las fotos como si fueran cartas y dile que elija una y te diga qué recuerda del día que se la sacaron y cómo

se sentía. Si no se acuerda de nada refréscale la memoria con lo que tú puedas recordar.

3. **Explícale para qué vas a estudiar las fotos:** Las emociones pueden estar tan escondidas que a veces la gente no tiene ni idea de lo que siente. Pero como el cuerpo nunca miente, las emociones se suelen expresar a través del lenguaje corporal. Dile que quieres ayudarla a interpretar lo que dice su cuerpo para que pueda tomar conciencia de sus verdaderos sentimientos.

4. **Enséñale a leer su lenguaje fotocorporal:** Considera si está relajada o tensa. ¿Qué indica la expresión de su cara? Busca una foto en la que esté sonriendo; luego cubre la boca y examina los ojos. ¿Los tiene alegres? ¿Contradicen lo que expresa su sonrisa? ¿Hay alguna foto en la que parezca orgullosa de su cuerpo o en la que se tape alguna parte (quizá por vergüenza)? ¿Hay alguna otra en la que parezca sentirse querida y aceptada o en la que se aleje de los demás (dejando espacio, sacando los codos o inclinando la cabeza)? ¿Tiene las manos apretadas o relajadas? Comparte con ella tus observaciones.

5. **Dale un vocabulario para describir sus emociones:** Explícale que no hay emociones malas. Pero ante una situación incómoda nos podemos sentir paralizados, furiosos, tristes, asustados, odiosos, solos, dolidos, aburridos, traicionados, frustrados, inferiores, avergonzados, confundidos, rechazados, insatisfechos, frágiles, culpables o vacíos. Cuando nos sentimos bien podemos experimentar una sensación de triunfo, esperanza, seguridad, afecto, alegría, amor, alivio, felicidad, igualdad, confianza, atracción, curiosidad, claridad, apoyo, satisfacción, fortaleza, inocencia y orgullo.[7] Todas estas emociones se pueden expresar a través del lenguaje corporal.

6. **Busca una foto en la que intente ocultar sus sentimientos:** Dile que te comente lo que expresa su cuerpo. Averigua con ella por qué creía que tenía que «taparse».

7. **Busca una foto en la que exprese lo que sienta:** Explícale que quieres apoyarla para que pueda seguir sintiendo esa libertad en su cuerpo.

65. Ayúdala a comprender la diferencia entre la alimentación emocional y una alimentación sana

A pesar de lo mucho que se ha hablado de la alimentación emocional —el hecho de utilizar la comida para llenar un vacío creado por una necesidad desesperada— es un concepto difícil de entender. Al fin y al cabo, cuando tu hija era pequeña y expresaba su malestar llorando solías consolarla dándole de comer. Las fiestas se suelen celebrar con grandes banquetes, así que es muy probable que en su memoria corporal haya recuerdos de comida y felicidad. Tampoco pasa nada porque alguien se conceda un capricho de vez en cuando. Por lo tanto, no es sorprendente que tu hija coma algo que le guste cuando se siente aburrida, nerviosa o triste.

¿Cómo puedes saber si ha cruzado el límite y se ha convertido en una comedora emocional? Si pesa más de lo que su médico considera adecuado para su estatura, y su peso no está relacionado con ningún trastorno, es muy probable que esté comiendo emocionalmente. Pero no hace falta que esperes a que se le note. Algunas comedoras emocionales no engordan hasta llegar a la pubertad.

Deberías plantearte si tu hija utiliza la comida de forma regular para mejorar su estado de ánimo. Por ejemplo, ¿come en exceso cuando vuelve de clase y se siente sola en casa? (Ella diría que se aburre.) O tal vez hayas notado que desde hace un tiempo desaparece mucha comida: una bolsa de patatas fritas sin abrir, una caja de cereales, un paquete de galletas. A las comedoras emocionales les resulta difícil comer sólo unos bocados. Puede que la hayas descartado porque apenas la ves picar nada. Pero la gente que come emocionalmente suele hacerlo en secreto; quizá encuentres envoltorios de chocolatinas o caramelos escondidos en su habitación. Una joven que conocemos solía tirar los paquetes vacíos por la ventana de su dormitorio.

Si tu hija tiene un problema de alimentación emocional la ayudarás más si recuerdas que esto no tiene nada que ver con la disciplina. Come para satisfacer una necesidad inconsciente. A continuación se incluyen algunos consejos específicos para aprender a comer de un modo que le hará sentirse física y emocionalmente satisfecha. (Consulta a su médico cualquier plan que podáis tener para cambiar su dieta.)

- **Inicia un diario de comidas:** Dile que apunte en una libreta lo que coma durante cuatro días como mínimo. Revisa la lista y habla con ella de lo que haya sentido al tomar esas decisiones.

- **Crea un plan de alimentación sano:** Considera qué alimentos debes añadir, sustituir o eliminar para que lleve una dieta sana.

- **Establece una relación:** Si es incapaz de seguir su plan de alimentación enséñale a relacionar sus emociones con lo que coma en exceso. Por ejemplo, si un profesor le ha dicho algo en clase para avergonzarla, puede haber comido una ración doble de postre en el almuerzo. Cuando sea capaz de asociar sus hábitos con experiencias concretas surgirá una pauta, una luz que podrá ayudarla a comprender la necesidad que está intentando satisfacer con la comida. Anímala a hablar de esos sentimientos y busca algunas estrategias que le sirvan de ayuda cuando se encuentre en una situación en la que normalmente coma en exceso.

- **Explícale que la comida no va a mejorar su vida:** Cuando estéis juntas ayúdala a comprender que la comida sólo ofrece un consuelo temporal porque no puede llenar un pozo sin fondo. Si es necesario echa agua en un colador y dile que el alivio que proporciona la comida deja su cuerpo del mismo modo: desaparece enseguida.

- **Identifica la recompensa:** Todo el mundo que come en exceso tiene una recompensa secreta, señala Phillip McGraw, del programa de *Oprah*. Puede que estar gordita ayude a tu hija a sentirse más segura o más cerca de ti (porque al preocuparte por su peso pasáis más tiempo juntas y consigue que le prestes atención, aunque sea negativa). Después de trasladarse a una nueva ciudad, la hija de Brenda, Carolyn, comía en exceso a la hora del almuerzo y después de clase porque era entonces cuando sentía la pérdida de sus antiguos amigos, a los que conocía desde el parvulario. Comía para consolarse y aliviar su dolor.

- **Diseña estrategias:** Como aconseja el doctor Phil, es importante que planees lo que puede hacer tu hija en vez de comer cuando se sienta dolida. Carolyn aprendió a establecer nuevas relaciones, a expresar su ira sobre la marcha, a tocar el tambor, a enviar e-mails a sus antiguos amigos y a jugar al baloncesto en un gimnasio cercano. También comenzó a imaginarse con un cuerpo más sano y esbelto y empezó a planificar sus comidas con antelación.

  Si tu hija come para no sentirse sola al volver a casa tiene varias posibilidades: llamarte al trabajo; crear un «banco de tiempo»: un tarro de notas en las que puede escribir cómo se siente para hablar contigo de ellas más tarde; o quedarse después de clase en un centro de ocio para hacer los deberes y jugar con otras niñas.

  La doctora Michelle Joy Levine recomienda a sus pacientes que empleen estrategias de demora cuando estén a punto de comer algo que se salga de lo normal. Les sugiere que esperen diez minutos, que en realidad es muy poco tiempo para algo tan importante.[8] Tu hija podría aprovechar ese tiempo para considerar por qué ha estado a punto de ponerse morada. Al igual que tus besos y abrazos hacían que se sintiera mejor cuando era pequeña, el amor puede ayudarla ahora que es capaz de aprender a darse lo que necesita. Anímala a visualizar a sus padres dándole un abrazo y diciendo: «Te queremos mucho».

- **Ayúdala a darse cuenta de todo lo que come:** Si es posible compra paquetes de tentempiés individuales. Aunque suelen ser más caros que los grandes, pueden ayudar a la gente que come emocionalmente a controlarse. Por la misma razón es preferible usar sobres individuales de azúcar. En la comida es mejor servir los platos en la cocina que en la mesa de cuencos o fuentes. De ese modo, si tu hija quiere repetir tendrá que levantarse y volver a la cocina, lo cual le dará tiempo para considerar si necesita comer más. Por último, recuerda que ver la televisión y comer al mismo tiempo es una mala idea, sobre todo para los comedores emocionales, que pierden la noción de lo que comen mientras están atentos a la pantalla.

■ **No la regañes si mete la pata:** Tranquiliza a tu hija diciéndole que tardará un tiempo en aprender a darse el amor que necesita para no castigar su cuerpo comiendo. Con tu amor y tu apoyo lo logrará.

66. Intenta comprender que el perfeccionismo y la necesidad de complacer están relacionados con los trastornos alimentarios

Al igual que comer en exceso, comer poco de forma crónica se ha asociado con factores emocionales. Los datos señalan que tener una mala imagen corporal es un indicador significativo de futuros trastornos alimentarios. En Estados Unidos una de cada seis adolescentes presenta síntomas de bulimia o anorexia.[9] Millones de chicas sufren variaciones de estas dolencias, y muchísimas más hacen dietas de manera continuada. Es un problema que puede comenzar muy pronto. Según una campaña del EDAP (Eating Disorders Awareness and Prevention), el 51 por ciento de las niñas de nueve y diez años se sienten mejor consigo mismas cuando hacen dieta. Los resultados de esta campaña indican además que, entre las que se ponen a dieta, el 35 por ciento lo hacen de forma patológica, y de ésas, del 20 al 25 por ciento acaba desarrollando un síndrome alimentario parcial o total.

La anorexia nerviosa, en la que se restringe la comida hasta el punto de poner en peligro la salud, puede hacer que una niña tenga periodos irregulares, la piel seca y el pelo quebradizo, pérdida prematura de densiadad ósea y atrofia muscular.[10] La gente que padece bulimia consume grandes cantidades de comida en muy poco tiempo y es incapaz de controlar estos impulsos. Para «contrarrestar» los efectos de sus excesos se provocan el vómito, usan laxantes y diuréticos o hacen ejercicio de manera obsesiva.[11]

Ya sea por anorexia, bulimia u otro trastorno de carácter similar, la insuficiencia de peso y de grasa corporal pueden tener consecuencias graves, entre ellas la disminución del nivel de estrógenos. Puesto que los estrógenos ayudan a mantener la densidad ósea, las niñas con trastornos alimentarios tienen mayor riesgo de sufrir fracturas y con el tiempo son más propensas a desarrollar osteoporosis.[12]

Si tu hija limita el consumo de comida de forma obsesiva deberías buscar ayuda profesional inmediatamente. Aunque no le diagnostiquen un trastorno alimentario, si te preocupa que vaya por ese camino te ayudará conocer las conductas que suelen ir asociadas a este tipo de trastornos.

La gente con anorexia suele ser perfeccionista.[13] De la misma manera que para una niña perfeccionista es importante conseguir un diez en un examen, sólo se conformará estando muy delgada. Si decide eliminar la grasa de su dieta pero un día come una bolsa de patatas fritas, puede que intente compensarlo comiendo sólo lechuga con atún. Y quizá acabe eliminando el atún para comer sólo lechuga.

Ty Yarnell, trabajadora social de Auburn, California, que está especializada en problemas infantiles, explica que el perfeccionismo tiende a ser generacional. Por ejemplo, si tu hija es perfeccionista es probable que tus padres sufrieran ansiedad o depresión, trastornos relacionados en muchos casos. La gente suele sentirse ansiosa o deprimida cuando no consigue los objetivos que se ha propuesto. Algunos malinterpretan el perfeccionismo. No siempre implica un deseo de ser perfecto en todos los sentidos. Algunos perfeccionistas pueden ser descuidados en casa pero muy meticulosos en su trabajo.

Si tus padres (o los del padre de tu hija) tenían este problema, considerad si alguno de los dos se sentía presionado por sus expectativas. Si es así podríais haber transmitido esta tendencia a la niña. Eso no significa que seáis culpables, pero al examinar vuestro pasado podéis ayudar a vuestra hija a evitar el «perfeccionismo corporal». Los doctores Martin M. Antony y Richard P. Swinson, autores de *When Perfect Isn't Good Enough*, plantean varias estrategias para corregir el perfeccionismo. Hemos revisado dos de ellas para ayudarte a erradicar pautas alimentarias poco saludables que pueden estar causadas por ideas perfeccionistas.

- **Cuestiona por escrito las ideas perfeccionistas sobre la comida:** Dile a tu hija que anote en su diario ideas como ésta: «Debería pesar menos». Luego puede escribir una réplica con una idea alternativa más sana, como: «Estoy bien con lo que peso». Después enséñale a cuestionar ambas ideas, la perfeccionista y la alternativa. Por ejemplo: «Mi deseo de pesar menos hace que me preocupe tanto por mi cuerpo que no puedo concentrarme en nada más» y «Si como lo que necesito y me mantengo activa conseguiré un peso saludable para mí». Puede concluir con una perspectiva útil: «No me resultará fácil conseguir un peso saludable, pero me alegro de estar aprendiendo a tratar mi cuerpo con cariño».

- **Experimenta las situaciones que más temas:** Esta estrategia consiste en ponerse en una situación temida repetidamente hasta que desaparezca el temor. Por ejemplo, si a alguien le da miedo tomar una comida equilibrada pero lo hace a pesar de la incomodidad inicial, el miedo comenzará a disminuir. Esta estrategia funcionará mejor si tu hija anota sus esfuerzos. Puede apuntar la fecha y la hora a la que coma, añadir unas cuantas palabras sobre la situación (en la cafetería de la escuela o en casa, por ejemplo) y valorar su nivel de ansiedad del cero al diez. Con el tiempo su ansiedad por la comida se reducirá.

También hay una serie de conductas asociadas con la bulimia. Las niñas bulímicas dan mucho de sí mismas a los demás y creen inconscientemente que la comida es el único consuelo que tienen a su alcance. Después de comer en exceso se sienten avergonzadas por su descontrol e intentan poner orden en su vida expulsando lo que han comido.[14]

Aunque tu hija no sea bulímica le vendrá bien aprender a expresar su voluntad. La necesidad de complacer a los demás es un problema para muchas niñas y mujeres que se consideran egoístas si no anteponen las necesidades ajenas a las propias. Pero es esencial que nos cuidemos. La mejor manera de demostrárselo a nuestras hijas es que nos oigan decir no a otras personas. También es importante que nos vean ocuparnos de nuestras necesidades.

Ésa es una de las razones por las que deberías hacer planes que te interesen, por ejemplo para salir una noche con tus amigas. Así tu hija verá que te tomas tiempo para ti. También puedes enseñarle a rechazar peticiones sin sentir que tiene que poner excusas. Dile que haga una pausa si le falla el valor y que diga que debe pensar la respuesta. Este truco la ayudará a ganar tiempo para decir no con convicción.

67. Potencia su inteligencia emocional

Es estupendo que se anime a las niñas a cultivar sus intereses intelectuales y a mejorar los resultados académicos. Pero también es importante recordar que, de la misma manera que no deberíamos animar a nuestras hijas a centrarse sólo en su aspecto, tampoco deberíamos animarlas a confiar únicamente en su capacidad intelectual sin tener en cuenta sus sentimientos. La salud emocional exige una integración de todos los aspectos personales.

Una niña que sólo utiliza la cabeza puede evitar el ejercicio físico y pasar todo su tiempo libre preparándose para el siguiente examen. Y puede estar muchos días enferma sin darse cuenta de que hay una relación entre sus catarros y el hecho de que su sistema inmunitario se haya debilitado con tanta tensión.

¿Qué puedes hacer si tu hija utiliza sólo la cabeza? Dile que quizá no le hayas enseñado a expresar sus sentimientos porque tampoco tú sueles hacerlo y habla con ella de lo que podéis hacer las dos para cambiar. Luego anímala a formular afirmaciones con el verbo «sentir». Por ejemplo, en vez de decir: «La exposición de ciencias ha estado bien», podría comentar: «Me ha gustado la exposición porque he podido estar con otros niños que tienen los mismos intereses que yo. A veces me siento muy diferente de mis compañeros de clase». Y en lugar de «Ese profesor es un borde», podría decir: «Hace que me sienta avergonzada cuando cometo un error». Con un poco de práctica lo conseguirá.

También puedes utilizar las ambiciones de tu hija para animarla a cambiar. Dile que las mejores universidades aprecian a los alumnos que utilizan a la vez su cuerpo y su mente practicando deportes, trabajando como voluntarios o desarrollando un talento especial. No olvides mencionar el libro de Daniel Goleman *La práctica de la inteligencia emocional*, en el que, a partir de un análisis de 500 empresas e instituciones gubernamentales, concluye que para alcanzar el éxito la inteligencia emocional cuenta incluso más que la inteligencia intelectual o la competencia profesional.

IX. ES UNA MUJER

Haz que se sienta orgullosa
de su cuerpo femenino

Durante miles de años se ha utilizado la biología femenina como excusa para confinar a las mujeres en unos papeles determinados. Pero como madres del siglo XXI tenemos la facultad de enseñar a nuestras hijas a reconocer y disfrutar de sus capacidades físicas. Al transmitir un sistema de valores que reconoce la fortaleza de las mujeres y lo que significa de verdad tener un cuerpo femenino, podemos ofrecer a nuestras hijas nuevas posibilidades para convertirse en lo que deseen ser.

68. Identifica cualquier ambivalencia que puedas tener respecto a la menstruación

Durante mucho tiempo, la mayoría de las mujeres hemos considerado la menstruación como algo que debíamos soportar. Y es una lástima, porque al transmitir a nuestras hijas una sensación de ambivalencia respecto a este proceso natural les impedimos desarrollar un sentido de admiración hacia su cuerpo. La menstruación es tan inherente a la condición femenina que si tu hija la odia le resultará difícil sentirse bien como mujer. Por esta razón, es importante que te cuestiones cualquier idea negativa que tengas.

Puedes comenzar considerando las experiencias de tu madre y cómo han podido influir en lo que te enseñó sobre el cuerpo femenino. Muchas de nuestras madres alcanzaron la mayoría de edad en una época desalentadora para las mujeres. Con una educación limitada y una gran presión para renunciar a sus sueños y dedicar su vida al cuidado de sus maridos y sus hijos, muchas mujeres de la generación de nuestras madres se sintieron terriblemente frustradas con sus vidas. Niravi Payne, experta en fertilidad físico-mental, cree que esta frustración influyó en un elevado número de madres de los años sesenta a la hora de ver su cuerpo, especialmente su función reproductora. También cree que algunos de estos mensajes negativos condicionaron a las niñas del *baby-boom*. Considera tu experiencia en este sentido.

Además de las actitudes que te haya podido transmitir tu madre, ten en cuenta que puedes haber heredado muchos prejuicios sociales sobre la menstruación. En *The Goddess Within*, Jennifer Barker Woolger y Roger J. Woolger señalan que muchas de las frases despectivas que se suelen usar para referirse a la menstruación «revelan una actitud hacia el cuerpo femenino que en cualquier otra cultura se consideraría patológica».[1] Los críticos sociales atribuyen esta distorsión al sistema patriarcal. Gloria Steinem ha sugerido que si los hombres menstruaran y las mujeres no, en vez de ver este proceso como algo vergonzoso, los hombres presumirían de lo que les dura el periodo y de cuánto flujo tienen.

Ahora tenemos la oportunidad de transmitir a nuestras hijas una sensación de paz respecto a su ciclo menstrual. En vez de decirles que es algo que tienen que soportar, podemos planteárselo de otro modo para que lo vean como una bendición, aunque esto no excluya manifestaciones de rabia y fastidio. Por ejemplo, puedes contarle a tu hija que en el antiguo Egipto los campesinos sabían que cuando el Nilo se desbordaba había muchos inconvenientes, pero que cuando las aguas retrocedían la tierra era mucho más fértil. Dile que la relación entre su cuerpo y su periodo es bastante similar: puede haber algunos inconvenientes, pero su ciclo determina la liberación de unas hormonas que aportan salud y vitalidad a su cuerpo y señala el comienzo de su desarrollo físico y creativo.

Si te parece adecuado puedes añadir que cuando tú creciste no te enseñaron a ver el periodo como una bendición, y que te gustaría transmitirle una sensación de gratitud por este proceso natural. Explícale que muchas mujeres no se dan cuenta de lo beneficiosa que es la menstruación para su cuerpo hasta que dejan de tenerla.

Por otro lado debería saber que la menstruación es mucho más que un proceso físico; también marca un periodo en su vida en el que puede ser extraordinariamente creativa. Anímala a escribir en su diario para que consolide la relación entre su intelecto y su incipiente sabiduría interior. Dile que su ciclo menstrual le permitirá desarrollar su capacidad intuitiva. Como explica la psicobióloga Joan Borysenko, es la glándula pineal, que se encuentra en lo más profundo del cerebro, la que comunica a la pituitaria que ha llegado el momento de segregar las hormonas de la pubertad. Borysenko afirma: «En las culturas orientales la glándula pineal se corresponde con el sexto chakra, o tercer ojo. Por lo tanto es posible que en la pubertad, cuando la producción de hormonas pineales es más elevada, tengamos una apertura literal del ojo de la sabiduría».[2]

El síndrome premenstrual es un tema que sin duda alguna se debería reconsiderar, sobre todo si tenemos en cuenta los anuncios en los que las mujeres parecen volverse locas cuando están a punto de tener la menstruación. Explica a tu hija que la ignorancia fomenta muchos prejuicios, y que por eso la gente hace bromas sobre este asunto. Dile que aunque algunas chicas sienten molestias e irritabilidad, también es un «periodo» de mucha pasión, en el que puede amar con más intensidad y utilizar su ira como un instrumento para cambiar. Al igual que la luna crece y luego comienza a menguar antes de resurgir de nuevo, cada ciclo menstrual le ofrece una nueva oportunidad para reorganizar su vida. Como su cuerpo se renueva física y biológicamente cada mes, puede dedicar su inteligencia y su espíritu al campo que elija, ya sea científico, artístico o tecnológico.

Si decides celebrar la primera menstruación, recuerda que muchas niñas se sienten incómodas si la gente presta mucha atención a su cuerpo en ese momento de su vida. Si a tu hija le ocurre esto, en vez de hacer una ceremonia quizá prefiera pasar la velada con sus padres o su hermana. Una madre llevó a su hija a contemplar la luna y, en honor de su poder creativo, le entregó un estuche de lápices de colores y le dijo que simbolizaban la vida que tenía por delante.

69. Ayúdala a sentirse orgullosa de sus pechos

En una cultura cada vez más erotizada, hasta las niñas más pequeñas reciben un bombardeo de imágenes de pechos «perfectos». Es probable que las niñas hayan mirado siempre por debajo de la ropa preguntándose cuándo les crecerían los pechos; algunas aterradas de que no fuesen como esperaban y otras pensando que les impedirían seguir jugando con los chicos. Esa ansiedad ha aumentado con la tendencia actual a considerar sexy el cuerpo de las niñas.

Una de las respuestas a esta presión es que las adolescentes se someten a operaciones de cirugía estética con la esperanza de tener una figura perfecta. En 1992, 1.172 adolescentes americanas se aumentaron el tamaño del pecho.[3] Y luego están las que se operarían si se lo pudieran permitir y sus padres les dejaran. «¿Que si lo haría? Claro que sí. Me encantaría tener las tetas más grandes», dice Shelly, una jovencita de trece años. Y tapándose la ortodoncia añade: «Así los chicos tendrían más que mirar». Escuchar a Shelly es como sentir el permanente poder de los hombres en esta sociedad, porque la mirada masculina sigue determinando cómo ven muchas chicas sus pechos, como si fuera una parte de su cuerpo que no les pertenece.

Si queremos que nuestras hijas asuman la responsabilidad de su salud pectoral y acaben disfrutando de su cuerpo, podemos mantener con ellas conversaciones que las ayuden a cuestionar la fijación social por los pechos. Incluso las niñas de siete y ocho años pueden imaginar cómo se viviría en un país donde las mujeres van desnudas en público. Explícale a tu hija que en algunas culturas indígenas las mujeres comienzan a sentirse incómodas con los pechos desnudos cuando llegan los extranjeros y centran en ellos su atención. Dile que se imagine qué pasaría si unos alienígenas vinieran a la tierra y se quedaran mirando las orejas de las niñas, sorprendidos de que los humanos no se las tapen.

Recuerda además que la familiaridad genera bienestar, respeto y confianza. Cuando los pechos de tu hija se desarrollen anímala a ponerse delante de un espejo para examinarlos. La doctora Susan Love, coautora de *Dr. Susan Love's Breast Book*, cree que se debería aclarar que en estas exploraciones tempranas no se trata de detectar bultos cancerígenos. «Es importante conocer bien los pechos porque te da una sensación íntegra de tu cuerpo.»[4] Puedes reforzar esta idea comentándole a tu hija que tú te exploras los pechos todos los meses y, si el médico te lo recomienda, te haces una mamografía al año.

También puede resultar útil hablar de la fijación social por los pechos femeninos. Puedes decirle que a algunos les pareció indecoroso que la jugadora de fútbol Brandi Chastain se quitara la camiseta para celebrar la victoria de su equipo en la final de la Copa del Mundo de 1999. Chastain llevaba un sujetador deportivo (similar a los tops de los trajes de baño de dos piezas). Pregunta a tu hija por qué cree que la gente reaccionó así cuando ese gesto habría pasado inadvertido si Chastain hubiera sido un hombre.

Por último, intenta que se tome a broma la fijación social por los pechos femeninos. Explícale que para mucha gente los pechos simbolizan la seguridad que las madres dan a sus hijos. Y dile que la próxima vez que vea a un chico comiéndose sus pechos con los ojos intente imaginárselo con pañales y un globo en la mano gritando: «¡QUIERO Á MI MAMÁ!».

70. Preséntale a su vagina

Cuando preguntamos a las madres por sus vaginas reaccionan como si fuera algo prohibido. Cuando Eve Ensler entrevistó a más de doscientas mujeres sobre el tema comprobó que las vaginas estaban envueltas en un halo de misterio. Ensler compara esta zona del cuerpo femenino con el Triángulo de las Bermudas porque «nadie sabe nada de ella».[5]

Se podría decir que Ensler es la responsable de haber sacado a la vagina de la oscuridad. Su obra de teatro *Monólogos de la vagina*, que ganó el premio Obie en 1997, ha tenido un gran éxito desde que se estrenó en un teatro de Broadway. Esperamos que tú tengas el mismo éxito con tu hija para ayudarla a sentirse orgullosa de «ya sabes qué».

Cuando la gente llama para reservar entradas para la obra de Ensler, muchos farfullan el título o dicen sólo «Monólogos». Pero después de pasar más de una hora oyendo la palabra *vagina* y riéndose de esa parte del cuerpo, muchas de esas personas, en su mayoría mujeres, salen del teatro con una nueva sensación. Una mujer de mediana edad dice que acabó sintiéndose como si tuviera un joyero entre las piernas. Mientras esperaba a un taxi se acercó a una mujer a la que no había visto nunca y le preguntó: «¿No te alegras de que tengamos vaginas?». La otra le dio un abrazo.

Es probable que a tu hija de pequeña le guste su vagina; potencia esa actitud evitando palabras como «pipí» o «chis». Al llegar a la pubertad puede que comience a sentir vergüenza por ese órgano, y no la ayudará nada ver anuncios de «productos femeninos» que sugieren que las vaginas huelen mal y que se debería disimular ese olor con vaporizadores perfumados.

Si quieres ayudar a tu hija habla con ella de su vagina. Anímala a coger un espejo, agacharse y echar un vistazo a su intrincada belleza. Proponle que haga un dibujo de esa zona. Si se queda perpleja dile que algunas mujeres han dibujado conchas o flores para representar sus vaginas. Plantéale también algunas de las preguntas que Ensler hacía en sus entrevistas: Si tu vagina pudiera llevar ropa, ¿qué se pondría? Si pudiera hablar, ¿qué diría? Si tuviera un acento, ¿cómo sonaría? Una niña de catorce años respondió con acento francés: «¡Oh, la, la!».

Si no puedes ver la obra de teatro, te recomendamos que leas el libro *Monólogos de la vagina*, que incluye una transcripción del guión. Quizá te interese compartirlo con tu hija adolescente y comentarlo con ella.

Otra forma de mantener el tono divertido de estas conversaciones es utilizar una señal que la ayude a recordar que su cuerpo es maravilloso. Cuando acabe un partido o cualquier representación hazle la señal de la «uve» con los dedos. La gente pensará que es el símbolo de la paz o de la victoria. Y estarán en lo cierto. Tu hija tendrá paz mental por amar su cuerpo, y de esa manera conseguirá vencer la vergüenza que nos impone la sociedad. La «uve» también representa el «poder vaginal». Ese gesto silencioso no tiene nada que ver con el pudor, sino con la educación, porque no nos interesa provocar la envidia de los hombres que pueda haber entre el público.

71. Ayúdala a descubrir la sabiduría de su cuerpo

Cuando desaparecen los pañales, uno de los primeros conflictos que tienen las madres con las hijas es la necesidad de ir al baño. No es fácil encontrar un baño cuando vas conduciendo por una autopista o estás en la iglesia oyendo un sermón. Así que normalmente le dices a tu hija: «¿Podrías esperar un minuto?». Pero de ese modo pierdes una oportunidad de ponerla en contacto con la sabiduría de su cuerpo. Piensa con cuánta frecuencia prestamos atención a nuestras necesidades corporales.

Muchas sólo hemos escuchado a nuestro cuerpo durante el embarazo, cuando teníamos antojos, sin ser conscientes de que esos antojos estaban relacionados con la sabiduría corporal. Ahora los expertos han comprobado que durante el embarazo los antojos nos dirigen hacia los nutrientes que necesitamos. Y las indisposiciones matutinas evitan que tomemos alimentos que podrían dañar al feto cuando se están desarrollando los órganos princi-pales.[6]

Es una lástima que la mayoría de las mujeres dejen de prestar atención a su cuerpo en cuanto dan a luz. ¿Qué haces tú? ¿Respondes a las señales de tu cuerpo para algo tan sencillo como hacer una pausa para ir al baño, o aguantas hasta que no puedes más? ¿Y cuando estás hablando con alguien y sientes un escalofrío? ¿Haces caso a lo que te está diciendo tu cuerpo? ¿O piensas más tarde «¿Cómo es posible que no me haya dado cuenta»? Otra pista para saber si estás en sintonía con tu cuerpo es tu actitud respecto a la comida. Nuestro cuerpo se queja cuando comemos demasiado, pero en muchos casos ignoramos esas señales.

Esto se debe principalmente a que desde muy pronto nos enseñan que las «niñas buenas» anteponen las necesidades de los demás a las suyas. (Y al dar tanta importancia a las necesidades de cualquier otra persona dejamos de respetar las nuestras.) Por eso muchas madres pasan a sus hijas el testigo de «vas a tener que soportarlo». Pero por fortuna podemos transmitir un legado diferente.

Cuando ya no tengas que acompañar a tu hija al baño puedes ayudarla de otro modo a respetar la sabiduría de su cuerpo. Por ejemplo, no discutas con ella por la ropa que debería ponerse cuando haga frío. Si insiste en que no necesita una chaqueta, pero a ti te preocupa que se quede helada, recuerda que en invierno algunos van con abrigos gruesos y otros en mangas de camisa. Cada uno responde de un modo distinto a las temperaturas. En vez de preocuparte mete una parka doblada en su mochila para que pueda ponérsela si hace frío de repente. De esa manera podréis pasar los últimos minutos antes de que se vaya intercambiando abrazos en lugar de enzarzaros en una batalla perdida.

También con la comida puedes ayudar a tu hija a respetar su cuerpo. Cuando aún sea pequeña explícale la suerte que tiene de conocer bien su cuerpo y saber cuándo tiene hambre. Así no tendrás que decirle que limpie el plato. A medida que crezca encontrarás muchas otras oportunidades para expresar con claridad: «Cariño, estoy segura de que tú sabes mejor que yo lo que te dice tu cuerpo, y quiero respetarlo».

Aunque comencemos con cosas pequeñas, nuestras hijas acabarán aprendiendo a conectar con esa voz interior cuando lo exijan las circunstancias. Y en la adolescencia tu hija será capaz de decirse a sí misma: «Este tío tiene unas vibraciones que no me gustan nada. Me marcho». Cuando te explique por qué ha vuelto pronto a casa comprobarás que ha merecido la pena hacer un esfuerzo durante todos esos años para llevarla al baño.

72. Acaba con las historias de partos

A veces incluso las madres más sensatas hablan delante de sus hijas de lo que sufrieron al darlas a luz. Aunque hay que reconocer que un parto no es un paseo campestre, deberíamos tener en cuenta el mensaje subyacente de estas historias: «Duró dos días. Le supliqué al médico que me diera un calmante. Me sentía como si mi cuerpo se estuviera rompiendo». Si el objetivo de estos detalles es expresar un profundo amor, deberías saber que no es eso lo que se transmite. La mayoría de las niñas que oyen estas historias desearían haber sido chicos para no tener que parir.

Lo que en realidad nos interesa es ayudar a nuestras hijas a sentir gratitud por el milagro que puede albergar su cuerpo. Por lo tanto, si ya le has contado a tu hija la historia de su parto, pregúntale cómo se sintió al escucharla y pídele perdón si te dice que se asustó.

Al rectificar una historia o hablar de este tema por primera vez intenta presentar los detalles de forma positiva. Para empezar ten en cuenta lo que no le hayas comentado nunca. ¿Saltó su padre de alegría? ¿Te pidieron sus abuelos que la pusieras al teléfono para decirle cuánto la querían? No pretendemos que la engañes, pero debes contárselo todo: «Claro que me dolió, pero me alegro de que las mujeres soportemos el dolor mejor que los hombres. Lo que recuerdo con más cariño es que...».

A las niñas les encanta oír historias de partos positivas. Cada vez que compartas esa experiencia con tu hija le permitirás sentirse orgullosa de su condición femenina. Aunque conozca ya la historia te escuchará con atención e insistirá en que repitas sus detalles favoritos: «¿Es verdad que papá lloró? ¿Cuánto pesé?». Cuando crezca seguirás celebrando su cumpleaños con fiestas y regalos, pero también puedes enriquecer su identidad recordando el milagro de su nacimiento.

Un padre le habló a su hija del amor «desde el primer movimiento». Le explicó que la había querido desde que la sintió moverse en el vientre de su madre, y que entonces se dio cuenta de lo asombroso que es el cuerpo femenino, que puede crear a un ser humano perfecto en miniatura. Otra mujer le contó a su hija: «Te vimos dentro de mí en una ecografía, moviendo los brazos como si estuvieras conduciendo». Digas lo que digas insiste en que estás encantada de haberla llevado en tu seno hasta que vino al mundo.

73. No la conviertas en niñera

Sara tenía sólo diecisiete años, pero estaba tan segura de que nunca tendría hijos que incluso se negó a salir con un chico que le gustaba. Era la mayor de seis hermanos, y había pasado gran parte de su vida «ayudando» a cuidarlos después de salir de clase. Cuando su madre le preguntó por qué no quería ir al baile de fin de curso, Sara respondió que si su abuela había tenido trece hijos y ella seis, era evidente que las mujeres de su familia podían quedarse embarazadas con sólo sentarse al lado de un chico. Su madre se rió sin darse cuenta de la gravedad de las palabras de su hija y de que el cuidado de sus hermanos había condicionado de forma negativa la relación con su cuerpo. Sara consideraba a las mujeres «máquinas de hacer niños» que podían convertirse en esclavas por su sexo.

Aunque la actitud de Sara pueda ser excesiva esta situación es bastante habitual. Muchas jóvenes como ella que actúan como madres suelen sentirse ofuscadas. Ahora que la mayoría de las madres trabajan fuera de casa, cada vez es más frecuente que las hijas mayores ayuden a criar a sus hermanos. En las familias sanas se espera que todo el mundo colabore, pero muchos padres agobiados delegan en sus hijas esta tarea. Las mujeres que deciden ser madres consideran el cuidado de sus hijos un honor y una bendición. Sin embargo, las niñas a las que obligan a convertirse en «madrecitas» suelen renegar de sus responsabilidades y de que les hayan asignado ese trabajo por su condición femenina.

También hay que tener en cuenta otras implicaciones emocionales. Si los padres están muy ocupados la niña puede perder su conexión con ellos y sentirse abandonada. Y debido a sus responsabilidades domésticas puede que no tenga tiempo para estar con sus amigas o simplemente para ser una niña. Para complicar aún más las cosas, es posible que los hermanos pequeños a los que cuida también estén enfadados por la ausencia paterna y le manifiesten su ira.

Si trabajas y cuentas con tu hija para que te ayude a cuidar a sus hermanos intenta hablar de este tema con ella. Seguro que tiene mucho que decir, y es importante que la escuches. Ante todo deberías disculparte por haberla puesto en esa situación. Aunque creas que no tienes otra alternativa o sea incapaz de expresar cómo se siente, no te des por vencida. Piensa con ella cómo podéis cambiar vuestra vida.

74. Rodéala de mujeres mayores llenas de energía

Desde que somos niñas nos obsesiona la imagen de una mujer frágil y decrépita que se arrastra encorvada. Esta imagen nos persigue toda la vida porque es nuestro mayor temor. Mientras tanto, la imaginación popular presenta a los hombres como «seres perfectos hasta el final». Pero esto es absurdo si tenemos en cuenta que las mujeres suelen vivir más que los hombres y que gracias a los avances de la medicina moderna hay muchos adultos (no viejos) que disfrutan de una vida larga y plena.

Por desgracia, pocas niñas tienen la oportunidad de relacionarse con esos adultos. En otros tiempos las niñas convivían con mujeres mayores, como abuelas, tías y vecinas que en muchos casos permanecían activas con más de ochenta años. Antes la gente nacía, crecía y se casaba en el mismo barrio, cerca de toda su familia.

Ahora es cada vez más habitual que las personas de edad avanzada vivan alejadas de sus familiares. Como consecuencia, nuestras hijas suelen tener poco contacto con mujeres mayores. Y es una lástima, no sólo porque estas mujeres tengan una gran sabiduría, sino también porque la imagen popular que asumen las niñas puede hacer que vean su cuerpo como algo que sólo les servirá a corto plazo.

Sin embargo, puedes ayudar a tu hija a corregir esta imagen errónea. Para empezar muéstrale a algunas de estas mujeres, por ejemplo llevándola a tu gimnasio. Cuando vea a estas mujeres mayores seguras de sí mismas mezclarse con otras de diferentes edades —en los vestuarios o en las clases de aeróbic— se convertirán en algo natural para ella.

Háblale también de mujeres como Lindy Boggs, que en el momento de redactar este libro era embajadora de Estados Unidos en el Vaticano. A los ochenta y cinco años, Boggs, madre del periodista de Washington Cokie Roberts y viuda del congresista Hale Boggs, lleva un ritmo de vida difícil de seguir. Trabaja entre doce y catorce horas al día.[7] Y quién no conoce a Eartha Kitt, actriz, bailarina y cantante de setenta y tres años que aparece en los anuncios de Gap o en reportajes televisivos haciendo ejercicios de yoga.

Por otro lado podrías animar a tu hija a relacionarse con una mujer mayor con energía. De ese modo le proporcionarás otra razón para cuidarse a sí misma y ver su cuerpo como algo que exige una inversión a largo plazo.

75. No permitas que tus prejuicios sexistas limiten sus conductas

En muchas familias, los padres que tienen un gran temor a la homosexualidad alejan a sus hijas de las conductas que no son estrictamente femeninas. Pueden insistir, por ejemplo, en que una niña lleve el pelo largo o juegue con muñecas y no con camiones, o en que baile ballet en vez de jugar al béisbol. Pero si queremos enseñar a nuestras hijas a amar su cuerpo debemos potenciar en ellas todo tipo de conductas que les resulten naturales. Si una niña prefiere adoptar conductas que no coinciden con la visión que tienen sus padres de la feminidad y la avergüenzan por ello puede acabar sintiéndose incómoda con su cuerpo.

Aunque las preferencias de una niña respecto a los juegos o la ropa no tengan nada que ver con la orientación sexual, algunos padres se niegan a reconocerlo. La doctora en psicología April Martin trabaja con mujeres que arrastran un trauma crónico por haber sido educadas con un bombardeo de mensajes que vienen a decir: «No eres lo bastante femenina».

Martin afirma que muchos padres obligan a sus hijas a limitarse a las pautas que se consideran femeninas porque creen que pueden influir en su orientación sexual. Pero nadie puede hacer nada para determinar la orientación sexual de una niña. «No sabemos si la homosexualidad es genética, o el resultado de una reacción química o las influencias medioambientales. Lo que sí sabemos es que es consustancial a la naturaleza de una persona. Si los padres fuerzan la situación pueden conseguir la conformidad externa de su hija, pero por dentro la niña se sentirá en conflicto consigo misma», añade Martin.

Así pues, es importante que animes a tu hija a adoptar comportamientos que le permitan expresar su personalidad, que pueden incluir desde subirse a los árboles hasta participar en el equipo de béisbol masculino. Y en vez de usar la palabra «marimacho», que tiene connotaciones negativas, utiliza la expresión «chica atlética». Además, si tu hija tiene más de trece años puedes leer y comentar con ella *Matar a un ruiseñor*, de Harper Lee, libro en el que la joven narradora, que responde al nombre de «Scout», se plantea la pregunta de lo que significa comportarse como una dama.

76. Anímala a mancharse las manos

A algunos padres la idea de animar a una niña a jugar con barro les puede resultar subversiva. Aunque no les importe que sus hijos vuelvan a casa con la cara sucia, quieren que sus hijas parezcan muñecas perfectas. Pero si a una niña le permiten mancharse las manos y relacionarse con su entorno crecerá sintiéndose libre con su cuerpo dentro y fuera de casa.

Hemos observado que al llegar a la adolescencia algunas niñas sólo participan en este mundo de forma parcial. Las llamamos «niñas aniñadas» —como si fueran dos veces niñas— porque no han conseguido desarrollar todos los aspectos de su identidad masculina y femenina. Para sobrevivir en esta sociedad y sentirse a gusto con uno mismo hay que tener un equilibrio interno de los rasgos tanto femeninos como masculinos, de modo que una niña pueda ser a la vez fuerte y cariñosa, analítica y creativa, reflexiva y decidida.

A la hora de realizar tareas que exigen recursos internos, a las «niñas aniñadas» les falta pasión y compromiso. Aunque tengan una capacidad innata, por ejemplo para un deporte, suelen aparecer en el campo para que las vean, no para jugar, y se dedican a dar volteretas o a cantar sus canciones favoritas. No es que sea nada malo cantar o tener un aspecto impecable. Pero como estas niñas han aprendido a centrarse en la imagen externa suelen pensar que no son «nada» sin la atención de los demás.

Por el contrario, las niñas seguras de sí mismas que han vivido la experiencia simbólica de jugar con barro están dispuestas a experimentar todo tipo de vivencias. ¿Son estas niñas menos presumidas? En los armarios de algunas que conocemos brillan por su ausencia los rizadores, los blanqueadores dentales, las cremas para el acné y los acondicionadores. Pero puede haber champú antipiojos, porque nunca se sabe adónde las llevará la vida.

A estas niñas también les afectan los problemas de la adolescencia, pero capean mejor el temporal. Y aunque son muy parlanchinas de vez en cuando, como señala el analista bioenergético John Conger, «una persona segura no necesita hablar para que la escuchen, mientras que otra insegura puede parlotear durante horas sin conseguir nada... La seguridad es esencial para estar centrado y en contacto con uno mismo».[8]

Karen, de dieciséis años, es el clásico ejemplo de una niña segura de sí misma. En vez de preocuparse por su aspecto saca unas notas excelentes, le gusta tocar el violín y adora los caballos. Pasa la mayoría de las tardes en la granja de su abuela, cuidando a su caballo y limpiando el establo.

Los fines de semana Karen suele participar en carreras campo a través, competiciones de saltos y sesiones de adiestramiento. Cuando le preguntan por qué dedica tanto tiempo a la hípica responde sin vacilar: «Me encanta sentirme unida a mi caballo. Algunos creen que tengo que controlar a un animal tan grande, pero en realidad no controlas a un caballo, no si quieres ganar. Lo que hago es adaptar mi cuerpo al suyo y sentir lo que piensa, lo que necesita, para que haga lo que tiene que hacer. Tengo que controlar bien mi cuerpo para que esa relación funcione». Karen posee un aspecto esencial que caracteriza a las chicas seguras de sí mismas: se sienten a gusto con su cuerpo.

77. Pasea con ella bajo la lluvia

La próxima vez que llueva invita a tu hija a dar un paseo contigo (o con su padre, una hermana o el abuelo). Como mucha gente cree que las niñas son frágiles, cuando hace mal tiempo las animan a quedarse en casa. Explica a tu hija que su cuerpo puede soportar situaciones atmosféricas extremas. Dile que si se expone a diferentes condiciones físicas sentirá su cuerpo más vivo y podrá comprender lo adaptable que es. Mientras paseéis del brazo fijaos en lo distinto que parece todo cuando llueve, como si el mundo se renovara. Disfrutad del silencio mientras sentís la humedad en vuestras mejillas y escucháis el sonido de la lluvia.

Si te parece oportuno explícale que pasear cuando llueve (al contrario que cuando hace sol) puede simbolizar la lluvia que a veces cae en la vida de una persona. Como es lógico, habrá ocasiones en las que tu hija tenga que afrontar situaciones difíciles sin tu ayuda. Dile que esperas que sea capaz de mirar hacia atrás y recordar esos momentos de cercanía física, porque el cuerpo atesora recuerdos. Si le enseñas a asociar esos recuerdos reconfortantes con el mal tiempo le darás un maravilloso regalo que la ayudará a sobrevivir.

78. Anímala a aprender a nadar

Saber nadar es estupendo para las niñas, y no sólo porque con la natación se ejercita todo el cuerpo, sino también porque les permite moverse con libertad en las aguas de la tierra, que tienen una relación especial con el cuerpo femenino. Al fin y al cabo, el agua de la tierra tiene la misma composición que el líquido amniótico que mantuvo a tu hija dentro de ti, y a ti dentro de tu madre, y que también ella llevará algún día en su vientre. Además, como explica Christiane Northrup, autora de *Cuerpo de mujer, sabiduría de mujer*, hay una conexión rítmica entre nuestro ciclo menstrual y los ciclos de la naturaleza, incluidos los de las mareas.[9]

Al nadar, sobre todo en el mar, tu hija tendrá la sensación de que controla una de las fuerzas más poderosas de la naturaleza. Se sentirá como si el mundo estuviera lleno de posibilidades. La natación también ofrece una ventaja respecto a la aceptación corporal. Es uno de los pocos deportes en el que quienes lo practican muestran su cuerpo tal y como es, con todas las variedades posibles. A diferencia de lo que ocurre en la gimnasia, el ballet, el baloncesto y otras actividades, para nadar no hay que tener un aspecto físico determinado. Hay nadadores altos, bajos, gruesos, delgados, pequeños e incluso discapacitados. Explica a tu hija que para formar parte de un equipo de natación no hace falta que sea la mejor o la más rápida. Anímala a participar en cualquier actividad por placer, cosa que algunas hemos tenido que aprender por nosotras mismas.

142

79. Enséñale a cuidar toda su piel

En los estudios táctiles en los que se compara la piel de ambos sexos se ha comprobado que las mujeres tienen más sensibilidad cutánea que los hombres y un olfato más desarrollado.[10] Ayuda a tu hija a celebrar su agudeza sensitiva con baños sensuales.

Para la mayoría de las chicas cuidar su piel normalmente significa aplicarse un protector solar. Pero los baños sensuales son estupendos para reducir el nivel de estrés y enseñar a nuestras hijas a cuidar toda su piel, incluyendo las zonas que solemos llevar cubiertas la mayor parte del día. Con estos rituales aprenderán a sentirse cómodas tocando y explorando su cuerpo, y cuando crezcan les parecerá natural examinarse los pechos todos los meses y disfrutar de las caricias.

Además, con la gran variedad de lociones y productos de baño que existen actualmente, también se divertirán mucho en el agua. He aquí algunas sugerencias para tomar un baño relajante:

■ **Ayuda a tu hija a aliviar tensiones:** Dile que eche unas cuantas gotas de un aceite aromático en un paño húmedo, cierre los ojos y se lo ponga sobre la cara unos segundos.

■ **Mantén todo lo que necesite a mano:** Cuando tu hija comience a bañarse pon una cesta de geles, champús y aceites de baño a su alcance. Con sus fragancias y su suavidad, estos productos son tan fáciles de usar como una pastilla de jabón, pero harán que se sienta mucho mejor. Dile que reserve uno de sus aromas favoritos para los lunes, cuando quiera comenzar la semana con energía.

■ **Enséñale a secarse con palmaditas:** Para secarse de esta manera hay que tener un poco más de paciencia, y de eso se trata precisamente. Hay veces a lo largo del día en las que necesitamos hacer una pausa y tratarnos con cariño.

■ **Enséñale a estar agradecida con su cuerpo:** Dile que dé las gracias a su cuerpo cuando se aplique la loción en la piel. Por ejemplo podría decir:

«Mis manos me han ayudado hoy a golpear esa pelota» o «Mi cuello ha hecho un trabajo estupendo sosteniendo mi cabeza sobre los hombros».

■ **Suaviza sus pies:** Después del baño puede darse una crema suavizante en los pies, cubrírselos con bolsas de plástico, ponerse unos calcetines y leer un rato en la cama mientras sus pies quedan suaves como la seda.

X. CUESTIONES BÁSICAS
Ayúdala a mantenerse lo mejor posible

✎   ✎

Mientras seguimos yendo más allá de lo que nos enseñaron y nos abrimos a nuevas posibilidades y nuevas maneras de ver la vida, no debemos olvidar las cuestiones básicas. Hay cosas que son tan esenciales que ni siquiera pensamos en ellas. Sin embargo, constituyen la base de la autoestima corporal.

80. Haz ejercicio con ella

Ya sea corriendo, bailando, montando en bici o haciendo surf, los padres pueden asegurarse de que sus hijas desarrollen una buena relación con su cuerpo haciendo ejercicio con ellas de forma regular. Ésta es también una buena oportunidad para demostrar lo importante que es el ejercicio. Al realizar una actividad física con tu hija o con toda la familia, tu corazón late más deprisa y con más eficacia porque la circulación sanguínea limpia, nutre y activa todos tus órganos. El ejercicio también es bueno para el cerebro porque potencia la agudeza mental, lo cual se puede traducir en mejores rendimientos profesionales y académicos. Los beneficios adicionales incluyen un aumento del nivel de energía y el control del peso. Y los ejercicios en los que se genera sudor pueden mejorar el estado de ánimo a través de la liberación de endorfinas —un estimulante natural—, lo cual significa que se puede disfrutar más en compañía de otras personas.

Rita Finkel, que tiene dos hijas adolescentes, cree que hacer ejercicio con las niñas puede incrementar el nivel de respeto. En su familia practican la esgrima. Para ella es un pasatiempo, mientras que sus hijas participan en competiciones. «Como conozco las normas respeto lo que hacen mis hijas», dice

Rita. «Las competiciones pueden ser muy duras. Así que cuando veo a los padres gritar a sus hijas desde el banquillo me gustaría que se pusieran en su lugar unos minutos. Nunca volverían a gritarles. Comprenderían el autodominio que hace falta para seguir ganando o para mantener la compostura si van perdiendo.»

A pesar de lo beneficioso que es el ejercicio, para cuando llegan a la adolescencia sólo dos tercios de las chicas, frente al 80 por ciento de los chicos, practican algún deporte tres o más veces por semana.[1] Tu hija hará más ejercicio si te unes a ella. Y si aprende a disfrutar de la actividad física desde pequeña tendrá más posibilidades de continuar cuando sea adulta. Según el Center for Disease Control and Prevention, los niños de primaria deberían hacer ejercicio de treinta a sesenta minutos al día como mínimo.[2] Pero no te desanimes si no dispones de mucho tiempo. Los datos también indican que quince minutos de ejercicio pueden ser tan beneficiosos como una actividad más intensa si se realizan con frecuencia.[3]

Quizá descubras que hace falta mucho empeño para conseguir que tu hija se mantenga activa. Eso es lo que les ocurrió a Brenda y a su hija Carolyn cuando la familia se trasladó a la costa este. Carolyn siempre había disfrutado con las actividades al aire libre en el norte de California, pero en Manhattan pasaba mucho más tiempo en casa y tenía menos oportunidades de hacer ejercicio. Brenda le sugirió que en vez de coger el metro todos los días recorrieran a pie los tres kilómetros que había hasta su nueva escuela. Carolyn sólo accedió cuando su madre se ofreció a darle el dinero que se ahorrarían en transporte.

Al principio el paseo parecía algo imposible. Carolyn necesitaba expresar su enojo por el traslado, y a veces interrumpía la caminata de forma brusca entrando en la estación de metro más cercana. Los días que hacían todo el recorrido a pie Brenda acababa agotada. Pero continuaron caminando una hora diaria, a veces con un tiempo glacial y a pesar de las quejas de Carolyn de que según sus compañeros su madre estaba «chiflada» porque la obligaba a ir andando. Al cabo de seis meses, con la ira de Carolyn más calmada, llevaban un buen ritmo y conocían bien las calles de Nueva York.

Ahora, dos años después, están más cerca que nunca. ¿Lo han conseguido haciendo ejercicio juntas? ¿Quién sabe? Lo que la madre y la hija saben es que están en mejor forma que si hubieran cogido el metro, y que han pasado juntas el tiempo que necesitaban para superar un momento difícil para las dos.

81. Ayúdala a comprender que es importante dormir bien

Según los resultados de una encuesta realizada por la National Sleep Foundation, las adolescentes duermen como media dos horas menos de lo que necesitan. Esto es un grave error, porque dormir bien es esencial para reponer las reservas corporales. Si tu hija pierde horas de sueño durante tres semanas o más su sistema inmunológico se debilitará y tendrá más posibilidades de contraer catarros, gripes y otras enfermedades infecciosas.[4] Si duerme poco, además de estar irritable y tener problemas para concentrarse en clase, se sentirá cansada para hacer ejercicio y participar en otras actividades beneficiosas para su salud. Y si conduce tendrá más riesgo de sufrir un accidente mortal.

Muchos padres creen que como las adolescentes son prácticamente adultas pueden pasar sin dormir demasiado. Pero para estar en plena forma deberían dormir alrededor de nueve horas y quince minutos todas las noches, mientras que las niñas de primaria necesitan cuarenta y cinco minutos más.[5] ¿Qué puedes hacer al respecto? Nos alegramos de que lo preguntes. He aquí algunas sugerencias:

- **Marca la hora de ir a la cama:** Incluso las adolescentes más mayores necesitan a veces que sus padres insistan en que duerman lo suficiente. Ayuda a tu hija a establecer esta prioridad en su vida.

- **Anímala a echar siestas:** Explícale que muchos profesionales han aprendido a recargar su energía durante el día con pequeñas siestas. También ella puede hacerlo mientras vaya en el autobús o en un sitio tranquilo después de comer, antes de que suene el timbre para volver a clase.

- **Da ejemplo:** Procura dormir el tiempo que necesitas para dar ejemplo a tu hija y ayudarla a adoptar buenos hábitos.

- **Olvídate del café:** No le digas a tu hija que no puedes funcionar sin una taza de café. Podría deducir que está bien tomar drogas para compensar la falta de sueño.

- **Cambia las normas:** Establece una norma que la obligue a terminar los deberes antes de sentarse delante del ordenador, encender la televisión o ponerse a hablar por teléfono.

■ **Insiste en que acabe pronto de trabajar:** Anímala a rechazar empleos y horarios de trabajo que le exijan quedarse hasta muy tarde.

82. Alivia su carga física

Aunque mucha gente sabe que las abultadas mochilas que acarrean los niños a diario son perjudiciales para su espalda, la mayoría se limita a hablar del asunto. Pero si enseñas a tu hija a tomar medidas la ayudarás a prevenir problemas de espalda a largo plazo y le enseñarás a cuidar el principal soporte de su cuerpo. Por desgracia, esto no suele ser lo habitual. Según un estudio de la American Academy of Orthopedic Surgeons, el 58 por ciento de los ortopedistas trabajan con niños que se quejan de dolores de hombros y espalda causados por el peso de sus mochilas.[6] Los trastornos de espalda pueden deteriorar la relación de una niña con su cuerpo.

Connie, de catorce años, que estudiaba en un colegio privado de Connecticut, nunca hacía caso a su madre cuando le decía que llevara algunos libros en la mano para aligerar su mochila. En séptimo curso Connie llevaba una mochila que pesaba once kilos, más de un 25 por ciento de lo que pesaba ella. En octavo tenía ya problemas de espalda, y pasó diez meses trabajando con un fisioterapeuta. Pero ése no fue el único contratiempo. A consecuencia de su lesión Connie tuvo que dejar de practicar sus deportes favoritos, y engordó catorce kilos, lo cual hizo que aumentara la tensión en su espalda. Para cuando su salud mejoró se sentía muy desanimada para participar en actividades deportivas, y decía que se veía demasiado «grande y torpe» para hacer cualquier cosa en la que tuviera que mover su cuerpo.

Afortunadamente, tu hija puede hacer muchas cosas para que su mochila no le dé problemas. Te recomendamos que la ayudes a:

1. **Pesar la mochila:** Utiliza una vez al mes la báscula familiar para ver cuánto pesa la mochila de tu hija. Si pesa más de un 15 por ciento de lo que pesa ella, dile que piense de qué puede prescindir.

2. **Comprar dos lotes:** Participa en la asociación de padres de la escuela de tu hija para conseguir lotes adicionales de libros de texto: uno para utilizar en clase y otro para dejar en casa.

3. **Ir sobre ruedas:** Intenta convencer a tu hija para que lleve una mochila con ruedas. (No fuerces el asunto. En muchas escuelas se consideran cursis.)

4. **Mantener los libros cerca:** Los libros más pesados deberían ir pegados a la espalda para no sobrecargar la columna vertebral.

5. **Atarse la mochila:** Compra una mochila con una correa para la cintura. Estas correas ayudan a acercar el peso al cuerpo y a distribuirlo mejor por las caderas y la zona pélvica.

6. **Colocarse bien las correas:** Cuando se lleva una mochila pesada sólo sobre un hombro el peso se distribuye de forma irregular. Es conveniente utilizar ambas correas y ajustarlas bien para que el peso se asiente en las caderas, el centro de gravedad del cuerpo.[7]

7. **Doblar las rodillas:** Explícale que mientras lleve la mochila, si tiene que agacharse para coger algo, debería doblar las rodillas en vez de inclinarse hacia delante.

8. **Ir derecha:** Cynthia Garmezano, fisioterapeuta de Manhattan, señala que cuanto mejor sea la postura de tu hija, mejor controlará el tronco y el abdomen, lo cual la ayudará a sostener su espalda. (Pero tampoco la regañes por andar encogida.)

Por último, si te preocupa no tener tiempo para enseñar a tu hija a cuidar su espalda llega a un acuerdo con ella. En vez de insistir en que limpie su habitación todos los fines de semana, deja que pese y reorganice su mochila de vez en cuando. A largo plazo te alegrarás de haber prestado más atención al estado de su espalda que al desorden de su cuarto.

83. Enséñale a cuidar sus dientes para toda la vida

Para enseñar a nuestras hijas a tratar bien sus dientes recurrimos al dentista infantil Michael King. A los niños les encanta ir a verle. En la sala de espera del doctor King en el East Side, los vídeos, la máquina de discos y una figura de tamaño natural de la Guerra de las Galaxias hacen que sus pacientes mantengan la sonrisa. Cuando están sentados en su sillón en miniatura muchos niños comienzan a gritar, pero de emoción. El doctor King, que también es un excelente cómico, actúa varias veces a la semana en el Club de la Comedia de Nueva York, y hace reír a sus pacientes mientras los atiende con trucos mágicos. Este Patch Adams dental, que ha tratado a muchos niños famosos del mundo del espectáculo, dice que la mejor manera de enseñar a los niños a cuidar bien sus dientes es buscarles un dentista que les guste. Con los siguientes consejos podrás ayudar a tu hija a mantener los dientes y las encías sanas:

- **Toma medidas «predentales»:** Muchos padres saben que no es bueno que los niños duerman con biberones porque la leche que se les queda en la boca puede producir caries. Por la misma razón, tampoco los bebés.deberían dormir tomando pecho.

- **Limita el flúor:** Cuando limpies esos primeros dientes con un paño húmedo, antes de ir al dentista por primera vez, procura no utilizar dentríficos con flúor. El exceso de flúor puede hacer que con el tiempo se decoloren los dientes.

- **Habla de los dentistas en términos positivos:** Dile a tu hija que vais a ir a ver a alguien que le dará un cepillo de dientes, le contará los dientes y le enseñará a cepillárselos.

- **Busca un dentista que se lleve bien con los niños:** Pide referencias a otros padres o al pediatra de tu hija. El profesional que elijas debería usar estrategias para que los niños se relajen. Por ejemplo, sus ayudantes podrían llevar ropa normal, dar a la niña un espejo para que vea qué le están haciendo en los dientes y permitir que el padre se quede cerca durante la revisión.

- **Lleva a tu hija al dentista cuando cumpla un año:** La American Academy of Pediatric Dentists recomienda programar la primera visita al dentista cuando los niños tienen alrededor de un año, aunque no tengan dientes aún.

- **Haz que la primera visita sea corta y agradable:** Aunque el dentista detecte algún problema, si a tu hija no le duele aplaza el arreglo. «Esa primera visita es la más importante», dice el doctor King. «Si es muy larga o el niño se asusta, no querrá volver.»

- **No metas barritas de frutas en su almuerzo:** Esos dulces pegajosos se adhieren a los dientes y pueden producir caries.

- **Ayuda a tu hija a cepillarse:** Muchos niños no tienen la coordinación suficiente para cepillarse bien los dientes hasta los nueve o diez años. Si tu hija se resiste a que la ayudes, haz un trato para que ella se cepille los dientes por la mañana y tú por la noche. Utiliza un avisador de dos minutos o un cepillo eléctrico con cronómetro para que sepa cuánto tiempo debe estar cepillándose.

- **No la regañes:** Además de la dieta y los hábitos higiénicos, los problemas dentales suelen ser hereditarios. Por lo tanto, si tu hija tiene una caries no hagas que se sienta aún peor por ello.

- **Limpia bien los espacios interdentales:** Si tu hija tiene una ortodoncia, recuerda que le resultará más difícil cepillarse correctamente. Hay unos aparatos especiales que funcionan con agua que ayudan a eliminar los restos de comida de entre los dientes. Consulta a tu dentista.

- **Convierte el hilo dental en una diversión:** Los niños suelen odiar el hilo dental, así que deja que tu hija escuche música cuando lo utilice para que piense que es algo divertido.

84. Cuelga un tablero informativo

Vivimos en la era de la información de la salud. Todas las semanas aparecen en los periódicos noticias sobre los resultados de algún estudio médico o una nueva práctica saludable. También las revistas han comenzado a dedicar secciones a la salud y la forma física. Aunque a veces pueda parecer excesiva, la abundancia de información sobre la salud no es un problema, sino una bendición. Y existe un modo de incorporar los consejos relevantes a nuestra vida.

Por eso es importante que cuelgues un tablero de corcho para poner en él artículos relacionados con la salud. Es un simple paso con el que tu hija se dará cuenta de que la salud es algo que no conviene perder. Muy pronto también ella buscará artículos en los periódicos para colocar en el tablero.

85. Háblale del riesgo de infecciones de algunas prácticas corrientes hoy en día

Los hábitos de cuidado personal, que incluyen cómo evitar infecciones, pueden ser un problema si tu hija no presta atención a las pautas básicas. A veces incluso las niñas más sensatas se dejan arrastrar por las modas de los tatuajes o los *piercings* en la nariz, la lengua o el ombligo. Esas prácticas pueden provocar infecciones, porque quienes las llevan a cabo no suelen utilizar técnicas de esterilización.

La experta en salud del *New York Times* Jane Brody afirma que con los *piercings* se pueden introducir virus y bacterias en la sangre que causan hepatitis e incluso pueden transmitir el virus del sida. También existe la posibilidad de que haya cicatrices a largo plazo y molestias mientras el cuerpo se recupera de la intervención. Además, los *piercings* en la lengua pueden producir dolores, infecciones y reacciones alérgicas que pueden hacer que resulte difícil hablar durante un tiempo e incluso causar una parálisis permanente.[8]

Puesto que las advertencias directas sobre los riesgos para la salud no suelen impresionar a las adolescentes, considera la opción de mantener una serie de charlas con tu hija desde la perspectiva de que las mujeres arriesgan su salud y su bienestar. El mejor momento para iniciar esta conversación es durante una «fiesta de manicura». En estas fiestas, aptas para niñas a partir de ocho años, podéis participar las dos o un grupo de amigas, a las que puede invitar para probar nuevos tonos de esmaltes y hacerse unas a otras manicuras y pedicuras.

Los pies son la excusa perfecta para introducir el tema de los tatuajes y los *piercings*, porque las niñas casi siempre hacen muecas cuando les hablan de las infecciones causadas por la antigua costumbre china de vendar los pies. Explícales que alrededor del siglo XI esta práctica era muy popular en China. El hecho de que una mujer llevara los pies vendados indicaba que su marido era rico, supuestamente porque podía permitirse mantener a su esposa sin que ésta tuviera que trabajar. A muchas niñas de cinco y seis años las obligaban a llevar tiras de tela muy prietas alrededor de los pies, con los dedos pegados a la planta, para que no les crecieran. Aunque se lavasen con frecuencia y se cambiasen las vendas los pies solían infectarse e hincharse. A las niñas que aflojaban las vendas las avergonzaban, y en algunos casos las pegaban. Sus pies acababan desfigurados para siempre, y el olor de la carne podrida era difícil de soportar. Sin embargo, si una mujer conseguía tener los pies pequeños recibía muchos halagos y podía mejorar el patrimonio de su familia atrayendo a un marido rico.

Esta costumbre se abolió hace más de noventa años, pero los detalles impresionarán a las invitadas a la «fiesta de la manicura». Es muy probable que gruñan y anden como patos al imaginar cómo se puede vivir con los pies vendados. Cuando se calmen un poco pregúntales si creen que las mujeres siguen arriesgando su salud y soportando dolores por seguir las modas. Éste es el momento adecuado para hablar de los riesgos de algunas tendencias. Pregunta a tu hija si cree que merece la pena arriesgarse a no poder hablar por llevar un *piercing* en la lengua.

Pasado un tiempo, cuando prosigáis con la conversación, menciona otras modas con las que una mujer puede arriesgar su salud. Por ejemplo puedes hablar del riesgo y la incomodidad de algunos tipos de zapatos, como los de plataforma. Con estos zapatos muchas niñas se caen y se tuercen los brazos y los tobillos. Al igual que los pies vendados, las plataformas altas (y los tacones altos en general) hacen que resulte difícil andar, y por supuesto correr. Coméntale también los rumores de que algunas modelos y actrices de Hollywood se quitan costillas para tener una cintura de avispa. Anímala a sopesar lo que significa, tanto en términos simbólicos como de salud, que las mujeres renuncien a sus costillas por un ideal de belleza. Si en vez de echarle un sermón le propones a tu hija algo que le haga pensar, la ayudarás a tomar decisiones sanas respecto a su cuerpo.

86. Potencia el consumo de agua

Incluso los adultos que en términos generales tienen unos hábitos saludables olvidan que hay que beber ocho vasos de agua al día. Llevamos una vida tan ajetreada que nos parece suficiente con animar a los niños a tomar leche y zumos de frutas. Sin embargo, el agua es esencial para cuidar bien el cuerpo. Al fin y al cabo, el agua constituye más de la mitad de nuestro peso corporal. Puesto que la eliminamos, como es lógico tenemos que reponerla.

Es importante que nuestras hijas comprendan que no deben esperar a tener sed para beber un vaso de agua, porque para entonces pueden estar ya deshidratadas. Los dolores de cabeza, el estreñimiento y el agotamiento pueden estar relacionados con un consumo insuficiente de agua. Beber agua también ayuda a mantener un peso normal. En primer lugar, cuando confundimos la sed con el hambre —y es bastante habitual— consumimos calorías innecesarias. Además, el consumo frecuente de agua ayuda al cuerpo a quemar calorías.[9] He aquí algunas sugerencias para conseguir que tu hija se acostumbre a este líquido:

- **Da un buen ejemplo:** Bebe abundante agua todos los días para que tu hija aprenda a tratar su cuerpo con cariño.

- **Juega al juego de la esponja:** Si tu hija es pequeña dile que se ponga delante de un grifo y toque una esponja seca antes de mojarla. Coméntale que está mejor cuando tiene agua, igual que nuestro cuerpo.

- **Haz refrescos de agua:** Compra un pack de seis botellas pequeñas de agua, vacíalas un poco, introduce en ellas una pajita para darles un toque festivo y congélalas. Por la mañana, antes de que tu hija salga de casa, pon una servilleta de papel alrededor de una botella y métela en su mochila para que pueda beberla más tarde. (Los puristas recomiendan beber agua a temperatura ambiente, pero es probable que no tengan hijos.)

■ **Recicla las botellas de agua:** No hace falta que sigas comprando botellas de agua. Lava las botellas usadas y rellénalas con agua filtrada.

■ **H_2O por la mañana:** Anima a tu hija a comenzar el día con un vaso de agua (antes de desayunar).

■ **Sirve agua con la comida:** En vez de comer con refrescos, pon vasos de agua junto a los platos. Si los tienen a mano, tus hijos los beberán.

■ **Lleva agua a las excursiones:** Lleva unas cuantas botellas de agua congelada cuando vayáis de excursión. Verás qué éxito tienen.

■ **Anima a tu hija a beber agua antes de los dulces:** Establece una norma familiar para que todo el mundo beba un vaso de agua antes de los postres o cualquier tipo de dulce.

■ **Mantén el agua a la vista:** Al abrir el frigorífico lo primero que debería ver tu hija es una jarra de agua, para que la coja cuando tenga sed.

Con este bombardeo hídrico, tu hija comenzará enseguida a beber agua sin que tengas que animarla a hacerlo.

XI. ES LO QUE COME

Cómo alimentar bien el cuerpo

Enseñar a tu hija a comer bien es como asentar los cimientos de un rasca-cielos. Los alimentos sanos son las piedras angulares de la belleza corporal.

87. Crea un entorno que favorezca una alimentación sana

Hemos hecho una lista de seis conductas alimentarias básicas que ayudarán a tu hija a establecer unas pautas sanas para toda la vida. Si no te parecen normales, trabaja con tu familia para cambiar vuestros hábitos.

1. **Deshazte de la comida basura:** Muchos padres creen que no es justo que los hermanos que no tienen «problemas de peso» tengan que renunciar a los tentempiés ricos en grasa y azúcar y a las comidas procesadas. Pero como estas cosas no son buenas para nadie todo el mundo saldrá ganando. Compra tentempiés sanos, por ejemplo *pretzels* y cortezas de maíz tostadas. Y recuerda a tu hija que no debe comer nunca «de la bolsa» o delante de la televisión; así podrá controlar mejor las cantidades.

2. **Sirve las comidas de encargo con moderación:** Aunque tengas que trabajar los fines de semana para preparar un guisado o asar un pavo, reserva las comidas de encargo —que suelen tener más grasa, azúcar y sal— para ocasiones especiales. Si compras comida rápida (se calcula que el americano medio consume aproximadamente tres hamburguesas y cuatro paquetes de patatas fritas a la semana),[1] las raciones se deberían compartir. Los Whoppers, por ejemplo, son lo bastante grandes para dos personas; pide que te los corten por la mitad.

157

3. **No la sobornes con comida:** Esta estrategia sólo les sirve a los entrenadores de animales. Aunque todos sabemos que no deberíamos premiar o castigar a los niños con comida, solemos hacerlo de vez en cuando. Si vuelves tarde a casa de un viaje o una reunión, no «recompenses» a tu hija por su paciencia con una pizza. Si no ha comido aún, juntas podéis preparar una comida rápida y nutritiva antes de dar un paseo. ¿Puede haber una recompensa mejor?

4. **Evita las dietas:** En uno de los primeros estudios sobre hábitos alimentarios realizado con 3.175 alumnos de quinto a octavo curso, se comprobó que el 42 por ciento había hecho dieta, el 4,8 por ciento se había provocado el vómito y el 2,4 por ciento había tomado píldoras para adelgazar. Además, el 3 por ciento había usado laxantes o diuréticos para perder peso.[2] Los niños no se inventan los métodos para adelgazar; han visto a los adultos que los rodean probar una dieta tras otra. Pero debemos decirles la verdad respecto a las dietas: aunque ayudan a bajar peso, la gente suele recuperarlo y añade unos kilos más. Explica a tu hija que el modo más eficaz y duradero para mantener el peso es adoptar una alimentación sana y equilibrada; y esto incluye vigilar el consumo de calorías y llevar una vida activa. Comenta también que, cuando alguien comienza a hacer dietas, puede alterar su metabolismo.

5. **Potencia las frutas y las verduras:** Siéntate con tu hija y piensa con ella cómo podéis incluir cinco frutas y verduras en su dieta diaria. Por ejemplo, podría tomar un zumo y un plátano en el desayuno, lechuga en el sándwich del almuerzo, una manzana o un par de zanahorias cuando salga de clase y un plato de verduras y una naranja para cenar. Puede parecer mucho, pero míralo de este modo: no le quedará espacio para comer otro tipo de cosas. Para más información, quizá te interese leer *¿Sabemos comer?*, de Andrew Weil, y también *Saber comer* y *Vitaminas que curan*, obras del equipo de *Prevention* Magazine Health Books.

6. **Háblale de las calorías:** La mayoría de la gente ignora el contenido calórico cuando se sube al carro de las dietas. Pero ahora los expertos coinciden en que si queremos mantener un peso sano deberíamos tener en

cuenta las calorías que consumimos a diario. En vez de animar a tu hija a obsesionarse con las calorías, puedes decirle que si es consciente de lo que come mantendrá su peso sin problemas.

88. Prepárala para la edad adulta enseñándole a cocinar platos saludables

La idea de enseñar a las niñas a cocinar no es tan popular como en otros tiempos. Algunas madres tienen dudas al respecto porque creen que si sus hijas no saben cocinar se liberarán de los roles femeninos tradicionales. Además, ¿quién tiene tiempo ahora para eso? Pero aquí está en juego el cuerpo de tu hija. Si no sabe cocinar, cuando crezca puede acabar llevando una vida adulta de comidas rápidas o precocinadas con una gran cantidad de sal, grasa y azúcar. Y aprender a alimentarse bien es esencial para cuidar bien el cuerpo. Si enseñas a tu hija a cocinar la ayudarás a mantener un peso sano de un modo muy divertido.

El padre, abuelo o hermano mayor que se encargue de la clase de cocina no tiene por qué ser un gran cocinero o el que prepare la comida normalmente. De hecho, ésta es una oportunidad estupenda para que el padre o la madre se tomen un día libre. Con las instrucciones meticulosas de la mayoría de los libros de cocina es muy fácil preparar recetas sencillas, y si a tu hija le sale bien un plato la primera vez, se sentirá animada a probar de nuevo. Además, los libros de cocina que incluyen fotografías ofrecen muchas ideas para la presentación.

Si las clases de cocina son el comienzo de un proyecto supervisado por un adulto, esa persona podría suscribirse a una buena revista ilustrada de cocina. Uno de los principales objetivos del adulto que realice esta actividad es conseguir que tu hija opte por recetas sanas y nutritivas.

Aunque al principio se centre en la preparación de un plato, es importante que con el tiempo aprenda a preparar otras cosas para que sea capaz de hacer una comida completa. Cuando logre superar esta prueba ella sola, se sentirá muy satisfecha.

Su satisfacción aumentará cuando oiga los cumplidos de sus padres y hermanos. Cuando sepa hacer bien una comida completa pregúntale si estaría dispuesta a preparar el mismo menú para unos recién casados, una pareja mayor o una familia necesitada. Puedes llamar a una organización benéfica para que os pongan en contacto con la familia adecuada. Cuando envuelva la comida aún caliente, la meta en una cesta con platos y cubiertos desechables y la lleve a un hogar agradecido, verá sus nuevas dotes culinarias con una profunda sensación de placer.

89. Cambia su noción de las comidas «reconfortantes»

Dependiendo de nuestros orígenes o las experiencias de nuestra infancia, muchos recordamos con especial cariño algunas comidas concretas. Al menos en nuestra imaginación, esas comidas eran servidas por madres que se dedicaban a complacer todos nuestros caprichos. Así pues, no es extraño que las consideremos «reconfortantes». Pero aunque al niño que llevamos dentro le apetezca comer esas cosas, el adulto calculador sabe que tienen demasiadas calorías que el cuerpo no puede asimilar.

Ahora que somos padres y madres podemos reescribir el guión para que nuestras hijas aprendan a confortar su mente y nutrir bien su cuerpo al mismo tiempo. Después de todo, el único requisito para que algo sea reconfortante es que lo asocien con un gesto de cariño. Podemos enseñarles a adoptar unos hábitos saludables creando recuerdos afectuosos relacionados con comidas nutritivas. La próxima vez que tu hija esté estudiando, prepara una infusión sin azúcar para las dos y ponla en una bandeja con tazas de porcelana y servilletas de tela. Si te sientas a su lado para leer o descansar un rato, tu presencia la ayudará a sentirse reconfortada. Aunque al principio se queje de que está amarga anímala a tomar unos sorbos. Si insiste en echarle azúcar o miel recuérdale que es mucho más sano que un refresco. Y se prepara enseguida. Si hace calor, una bebida energética con hielo puede ser una alternativa deliciosa y refrescante.

Si a tu hija le gusta picar mientras estudia, prueba con vainas de soja cocidas y saladas, que se venden en muchos supermercados. Calientes o a temperatura ambiente, además de ser muy sabrosas le permitirán olvidar sus preocupaciones y tener las manos ocupadas mientras abre las vainas para sacar las semillas. También puedes darle palomitas de maíz sin mantequilla, *pretzels*, pasteles de arroz, zanahorias pequeñas, tomatitos o aros de pimiento rojo con

160

una salsa baja en calorías. Cuando haga calor, ofrécele sorbetes hechos con zumos de frutas.

Para crear recuerdos imborrables relacionados con la comida también puedes llevarla a un mercado rural. A los niños les encanta salir al campo y ver diferentes tipos de frutas y verduras expuestas de forma artística. Si planteas la excursión con la misma reverencia que una visita a un museo, tu hija asociará siempre las frutas y las verduras con algunos de sus recuerdos favoritos.

Y no olvides las ventajas de la horticultura. Los niños comen mucho mejor las verduras que ayudan a cultivar. Si tienes un jardín dile a tu hija y a un adulto cercano que planten una pequeña huerta para el Día de la Madre. Si no tenéis espacio podéis poner una maceta de hierbas en la ventana o una planta de tomatitos en el balcón.

A largo plazo es más fácil dejar que tu hija considere reconfortante el pollo frito o el arroz con leche que preparar algo sano con especial atención. Pero el tiempo que inviertas ahora en enseñarle a comer bien influirá de forma decisiva en la relación que establezca con su cuerpo.

90. Enséñale a distinguir los azúcares

No cedas en la pelea de los dulces, como parecen haber hecho muchos padres. Aunque los médicos advierten que sólo un 10 por ciento de nuestras calorías debería proceder de azúcares refinados, los niños estadounidenses consumen el doble de esa cantidad. Y según una encuesta federal, las niñas toman alrededor de veinticuatro cucharadas de azúcar refinado al día.[3] Por otra parte, el consumo por persona de todo tipo de azúcares ha aumentado un 28 por ciento en quince años; en 1997 era de cincuenta y tres cucharadas al día. La diferencia calórica entre los que consumen más y menos azúcar refinado es de 190 calorías diarias, que, como indica la experta en salud Jane Brody, a lo largo de un año puede suponer una diferencia de peso de nueve kilos.[4]

Es muy probable que ya hayas intentado recortar a tu hija los dulces eliminando los refrescos y que no tengas tiempo de controlar todo lo que come. Por eso es fantástico que le estés enseñando a cuidar su cuerpo. Pero en vez de controlar puedes ayudarla a elegir los alimentos adecuados enseñándole a identificar los productos que contienen azúcares. Cuando comprenda que no pretendes que elimine del todo el azúcar sino que modere su consumo tendrá más posibilidades de tomar decisiones acertadas.

Sin embargo, para empezar quizá debas explicarle unas cuantas cosas. Por ejemplo, como señala Brody, el cuerpo procesa todos los azúcares de la misma manera. No distingue entre el azúcar de una naranja y el de una chocolatina. La diferencia estriba en que la chocolatina sólo contiene azúcar, mientras que la naranja está llena de nutrientes esenciales. Cuando abusamos de los azúcares «inútiles» consumimos menos alimentos nutritivos de los que necesita nuestro cuerpo.

Una de las mejores maneras de ayudar a tu hija a conocer bien los azúcares es hacer con ella una «ronda de azúcar» por el supermercado. (Otro día puedes hacer lo mismo con las grasas.) Dile que quieres enseñarle a tomar decisiones bien informadas porque un exceso de azúcar puede provocar caries y obesidad. Mientras hagáis la compra pídele que te ayude a elegir alimentos sanos que tengan poco azúcar refinado. Es probable que evite los caramelos, los helados y los pasteles. Pero cuando coja productos que también tienen mucho azúcar, como los yogures, las barritas de frutas, los cereales y las bebidas azucaradas, puedes comenzar a darle consejos que le resultarán muy útiles toda su vida. En esas rondas dedica una atención especial a la sección de los refrescos, las limonadas y las mezclas de zumos. Si tu hija conoce ya los números, explícale que la mayoría de los refrescos contienen tanto azúcar que si se abusa de ellos puede aumentar el riesgo de obesidad hasta un 60 por ciento. Un investigador ha sugerido que el efecto negativo de los refrescos se podría deber a que el cuerpo tiene dificultades para adaptarse a unas concentraciones tan elevadas de azúcar en estado líquido.[5]

Cuando terminéis la ronda invítala a coger un capricho especial. Puede que elija algo especialmente sano para ella. Aunque no sea así, tendrás la garantía de que la información que le has dado no caerá en saco roto. Seguirá en su cabeza mucho después de que comience a hacer la compra sola.

91. Si decide ser vegetariana, apóyala

Susan se puso furiosa cuando su hija de dieciséis años volvió el verano pasado de un campamento y anunció que se había vuelto vegetariana. «Lo llevaba como si fuera una religión y criticaba todo lo que comíamos», dice Susan. «A veces no se sentaba en la mesa con nosotros porque decía que no soportaba vernos "devorar carne"». Unas semanas después comenzó a rechazar lo que ella denominaba «productos animales», que incluían huevos, yogures, leche, carne, aves y pescado. Preocupada de que su hija acabara desnutrida, Susan insistió en que «mejorara» su dieta.

La hija de Susan no es la única que ha adoptado esta opción alimentaria. Según los datos de una encuesta, el 37 por ciento de los 12,4 millones de adultos que se definen como vegetarianos tienen hijos menores de dieciocho años, y el 24 por ciento de ellos tienen al menos un hijo que vive en casa que también es vegetariano.[6]

Además de considerarse «moderno», el vegetarianismo puede ser una alternativa sana. La American Dietetic Association afirma que si las dietas vegetarianas están bien planificadas pueden proporcionar una nutrición adecuada y aportar muchos beneficios.[7] Al prescindir de la carne se puede llevar una dieta sin aditivos, pesticidas y contaminantes y reducir el riesgo de cánceres y enfermedades cardiacas.

Si tú no eres vegetariana pero tu hija sí lo es, como Susan, quizá te sorprenda que algunos adeptos tengan una devoción casi religiosa hacia esta forma de vida. De hecho, algunos aspectos del vegetarianismo tienen una dimensión espiritual. Quienes lo practican suelen verse a sí mismos, y a todos los seres vivos, como parte de una manifestación divina. Y en su deseo de estar en armonía con el universo se oponen a que se mate a los animales.

En las primeras etapas, los nuevos vegetarianos, sobre todo los jóvenes que quieren establecer una identidad diferente a la de su familia, suelen actuar como fanáticos religiosos y predican la doctrina de la alimentación sana cada vez que pueden. Aunque esos sermones resulten aburridos y su nueva dieta altere los planes familiares, te recomendamos que respetes el compromiso de tu hija. Intenta estar agradecida de que haya elegido un camino que, para ella, representa la coexistencia pacífica y la salud.

Su padre y tú podéis apoyarla planificando con ella menús nutritivos y familiarizandoos con los beneficios y las inquietudes éticas y medioambientales de los vegetarianos. Pero en esta opción alimentaria hay unas cuantas reglas estrictas. En primer lugar te ayudará saber que existen diferentes tipos de vegetarianos:

Los **vegetarianos básicos** evitan la carne y consumen alimentos de origen vegetal.

Los **veganos** evitan todo tipo de productos animales, incluida la miel.

Los **ovolactovegetarianos** evitan la carne, las aves y el pescado, pero toman huevos y leche.

Los **lactovegetarianos** evitan los huevos, la carne, el pescado, las aves y el marisco, pero consumen productos lácteos.

Los **pesco-vegetarianos** comen pescado pero no carne.[8]

Los **pollo-vegetarianos** evitan la carne pero comen pollo.[9]

Aunque los adolescentes vegetarianos deben prestar especial atención para obtener los nutrientes necesarios para su crecimiento, lo cierto es que pueden conseguirlo. La corresponsal del *New York Times* Mindy Sink explica que la principal preocupación respecto a estas dietas es que no aporten suficientes proteínas, vitaminas B_{12} y D, hierro, calcio y zinc (que se encuentran en los productos animales). Sink afirma: «Los niños necesitan todos estos elementos para tener energía, pensar con claridad y crecer todo lo posible con una adecuada densidad ósea».[10]

Afortunadamente, hay una amplia oferta de libros que os ayudarán a ti y a tu hija a encontrar estos nutrientes en los productos vegetales; consulta en tu biblioteca o en una buena librería.

Si tu hija decide ser vegetariana puedes enseñarle a coexistir pacíficamente con su propia familia. Si es necesario proponle que aporte dinero para comprar los alimentos especiales que necesite. En cuanto a los comentarios radicales que pueda hacer sobre los peligros de la carne, explícale cómo te afectan. Por ejemplo podrías decirle: «Ya sé que no te gusta lo que como. Tampoco yo apruebo todo lo que haces tú. Pero formar parte de una familia significa querer y aceptar a los demás sin juzgarlos. Así que por favor no hagas que me sienta juzgada». Aunque ninguna de las dos podáis mirar lo que come la otra, eso no impedirá que permanezcáis unidas.

XII. CUESTIONES DE SEGURIDAD

Cómo evitar que le hagan daño

ᐛ ᐛ

Nuestras hijas deberían sentirse siempre seguras, pero la verdad es que en muchos casos corren riesgos por tener un cuerpo femenino. En cierto sentido sería estupendo que pudiéramos cubrirlas con escudos invisibles que las protegieran de cualquiera que pretenda hacerles daño. Pero aunque eso fuera posible no les daría la fuerza interior que necesitan para andar por el mundo con una sensación de paz. Por eso debemos esforzarnos para enseñarles estrategias de defensa, por si acaso las necesitan en alguna ocasión.

92. No le pegues

Los padres que pegan a sus hijos no suelen considerarlo un abuso. Lo llaman azotes o palmaditas porque, como sus padres —y la mayoría de los maltratadores que han sido maltratados por sus padres— han aprendido a mentir respecto a su comportamiento. Algunos prefieren adherirse al lema «Si no usas el rodillo malcriarás al chiquillo», a pesar de que todos los estudios indican que usar un rodillo (o la mano u otra cosa) es la clave para malcriar a cualquiera. Las niñas maltratadas, por ejemplo, tiene muchas más posibilidades de formar relaciones marcadas por los abusos físicos al llegar a la madurez. Algunos padres dicen también que pegan a sus hijos porque los quieren, pero el amor no tiene nada que ver con esto.

Los padres que maltratan a sus hijos lo hacen movidos por la ira, ya sea contenida o exaltada. Su ira suele estar relacionada con injusticias pasadas, no simplemente con un mal comportamiento. Pegan a sus hijos porque de esa manera pueden liberar su ira. Si pegas a tu hija, piensa en la paliza más reciente e intenta imaginar cómo se ha sentido a manos de alguien que se supone que debe cuidarla y protegerla. El hecho de que los malos tratos sean para ti un problema indica que estás preparada para cambiar la situación.

El primer paso para acabar con esto es reconocer que has hecho algo mal y prometerle a tu hija y a ti misma que no volverá a ocurrir. No intentes justificar tu actitud o culpar a la niña: «Me has puesto furiosa cuando...». Lo que deberías hacer es disculparte por tu comportamiento.

Si tu cónyuge no atiende a razones e insiste en pegar a tu hija, haz lo que sea necesario para garantizar la seguridad de la niña. Podrías consultar a un psicoterapeuta antes de la siguiente paliza, llevar a tu hija a un centro de acogida, llamar a la policía o protegerla físicamente.

Si te da miedo perder el control y pegar a tu hija otra vez, puedes poner en práctica algunas técnicas. Prueba a contar hasta diez; en medio de una confrontación céntrate en tus pies y oblígalos a marcharse; coge el teléfono y llama a una organización de malos tratos infantiles; no bebas, porque es más probable que la pegues cuando te sientas desinhibida; o participa en un taller para controlar la ira. Si reincides pide disculpas a tu hija y explícale que es muy difícil romper con los malos hábitos.

Si tus padres o tus cuidadores te maltrataban también, puedes escribir cartas (que quizá decidas enviar). Dile a esa persona cómo te sentías cuando te pegaba y cómo está afectando eso a tu hija. No quites importancia a lo que puedan haber hecho tus padres contigo. Si te pegaban era maltrato, aunque ellos lo llamaran de otro modo. El objetivo es que te libres de tu rabia para que no le hagas a tu hija lo que te hicieron a ti. Por otra parte podrías golpear un cojín que represente al padre que te pegaba. Expresa en voz alta lo furiosa que te sientes por ese maltrato. (También tu hija puede beneficiarse de este ejercicio para liberar la ira.) Después de estar un tiempo escribiendo cartas y con la terapia del cojín, intenta perdonar a quienes te maltrataron y a ti misma por haber hecho daño a tu hija. Si guardas resentimientos por el trato que sufriste sólo conseguirás que haya más dolor para tu hija y para ti.

93. Enséñale a reconocer a los chicos potencialmente peligrosos

Si hablas con cualquier mujer que haya sufrido abusos físicos o sexuales por parte de algún conocido, es posible que te diga que la ira y la violencia no surgieron de repente. Hay muchas probabilidades de que hubiera señales de alarma a las que no hizo caso. Si le explicas a tu hija las señales de alarma de un maltratador en potencia podrá evitar algunas situaciones peligrosas. Ten en cuenta que puede haber hombres y chicos violentos en todas las clases sociales, razas y religiones. Algunos padres no advierten las señales de alarma de un posible maltratador porque les impresiona en exceso la posición económica de su familia.

Puesto que tu hija escuchará mejor un relato que un sermón, podéis leer juntas la siguiente historia. Antes de comenzar dile que preste atención a cualquier característica que se pueda considerar una señal de alarma.

Terry era una chica llena de energía e inteligencia que se sentía feliz tras haber encontrado a un muchacho que parecía perfecto para ella. Los chicos que había conocido hasta entonces iban de tipos duros. Pero unos días después de conocerle, James le dijo que la quería y le hizo prometer que no saldría con nadie más. Terry accedió gustosa y les comentó a sus amigas que, además de ser muy atractivo, James era chapado a la antigua pero encantador. Creía que los hombres debían mantener a la familia y que las mujeres debían ocuparse de la casa y de los niños.

Unas semanas después Terry tenía la impresión de que había conocido a James toda su vida. Cada vez veía menos a sus amigas, porque él quería estar con ella todo el tiempo y odiaba compartirla con nadie más. La quería tanto que incluso parecía estar celoso de su familia. Pobrecito, cuánto debía de haber sufrido. A veces parecía que la controlaba para asegurarse de que estaba donde había dicho que estaría. Su relación era muy intensa, y Terry sabía que otras chicas la envidiaban. Llegó a notar un destello de celos en la mirada de Frannie, su mejor amiga desde el parvulario. Un día Frannie se acercó a ellos cuando se encontraban en el parque que había delante del instituto. Como de costumbre estaban peleándose en la hierba. A él le gustaba sujetarle los brazos y besarla, y le parecía muy sexy.

Mientras Frannie se aproximaba, James le susurró al oído que parecía una «vaca». A Terry no le gustaban esos comentarios, pero sabía que en el fondo James era un niño herido que intentaba ocultar sus debilidades con una coraza. A la mayo-

ría de la gente le impresionaba su actitud amenazadora. Pero en realidad tenía dos personalidades: un lado brusco que mostraba al mundo y la dulzura que reservaba para ella. Podían hacerle daño con mucha facilidad, y se quejaba de que nadie le comprendía. Le había hablado a Terry de su terrible infancia y de que había crecido viendo a su padre pegar a su madre. Y decía en broma que ahora que sabía todos sus secretos, si alguna vez le dejaba tendría que matarse. Eso le asustó un poco, pero enseguida siguió haciéndole cosquillas y sujetándola.

Cuando tu hija termine de leer pregúntale si ha detectado en la historia de James las ocho pautas de comportamiento típicas de los maltratadores. Revisa la siguiente lista y comenta con ella cómo manifestaba James esas conductas.

- **Tienen prisa para enamorarse:** Los maltratadores en potencia consideran a las mujeres propiedades que deben adquirir rápidamente, como si fueran objetos de una subasta.

- **Creen en los roles tradicionales:** Suelen ser muy machistas, y creen que para ser atractivas las mujeres deben ser serviles y discretas.

- **Son muy posesivos:** Aunque las chicas suelen interpretar los celos como una muestra de amor, en realidad pueden indicar que un chico cree que posee a su novia.

- **Están llenos de rabia:** Con un temperamento agresivo y una tendencia a ridiculizar a los demás, sobre todo a las mujeres, siempre parecen estar a punto de estallar.

- **Son narcisistas:** El hecho de que se vean a sí mismos como víctimas de las circunstancias los anima a creer que les han hecho tanto daño que sólo les pueden importar sus sentimientos, porque nadie más va a preocuparse por ellos.

- **Les gusta dominar físicamente:** Les excita controlar a las mujeres con su fuerza, incluso jugando.

- **Tienen antecedentes de violencia:** Aprendieron a tratar a los demás en un entorno en el que se maltrataba a la gente.

- **Hacen amenazas de suicidio/muerte:** La amenaza oculta es que si los dejan se matarán a sí mismos y se llevarán a su novia con ellos.

Es importante que tu hija conozca estas señales de alarma antes de que se enamore perdidamente. De lo contrario puede pasarlas por alto y creer que simplemente te cae mal su novio. Como quizá sepas, cuanto más intentes disuadir a una adolescente de que quiera a alguien más se empeñará en estar con él.

94. Explícale qué debe hacer si la agreden

Todas rezamos para que nuestras hijas no sufran ninguna agresión, pero como madres tenemos la responsabilidad de enseñarles a defenderse. Aunque a tu hija le resultará útil hablar contigo de estas estrategias, es mejor que escenifiquéis las situaciones para que sepa qué debería hacer en esos casos.

- **Concéntrate:** Intenta mantener la calma para considerar si es seguro resistirse.

- **Expresa tu ira:** No te preocupes por ser amable. Gruñe como un animal salvaje y, si va desarmado, lucha por tu vida dándole patadas y puñetazos.

- **No utilices eufemismos:** Evita los términos ambiguos, como «No me toques ahí» o «Lo que estás haciendo no está bien». Llama a las cosas por su nombre. Di: «¡Basta! ¡Esto es una violación!».

- **Utiliza el poder de tus ojos:** Convierte tus ojos en reflectores y busca todos los medios posibles para escapar o pedir ayuda.

- **Miente:** Intenta convencerle de que llegará alguien en cualquier momento, tienes una enfermedad de transmisión sexual, te está dando un ataque de asma o estás a punto de vomitar.

- **Compórtate como si estuvieras loca:** Finge que has perdido el juicio y tienes un trastorno que te hace pasar de una personalidad a otra; habla también a las paredes y con gente invisible.

- **No entres en su coche:** Si está dispuesto a hacerte daño donde os encontréis, será aún peor si te lleva a un lugar en el que se sienta más seguro. Haz todo lo posible para quedarte en un sitio donde alguien pueda verte u oír tus gritos.
- **Elige la vida:** Ríndete antes de que te mate. Si por ejemplo te apunta con un arma o te pone un cuchillo en la garganta, es mejor que cedas y salves tu vida.

95. Enséñale a evitar situaciones peligrosas

Dile a tu hija que se imagine a un personaje de un videojuego al que deba llevar por un camino seguro y que rellene los espacios en blanco preguntándose: «¿Qué debería hacer Zena para mantener su seguridad?».

Cuando vemos a Zena por primera vez se está despidiendo de sus amigas en la entrada de un club donde han pasado una tarde muy divertida. Antes de marcharse Zena (1)_____ y luego se retoca los labios mientras se asegura de que ha metido en el bolso un (2)_____. Cuando está a punto de salir se acerca a ella Tony, un chico muy guapo que ha conocido antes, así que (3)_____. Una vez fuera Tony le pregunta si tiene sed y le ofrece un sorbo del refresco que lleva. Zena (4)_____. No le gusta la idea de estar sola en una calle oscura con un desconocido, pero no quiere herir sus sentimientos, así que (5)_____. Él se da cuenta de que quiere irse y le pide su número de teléfono. Zena (6)_____. Como es tarde decide volver a casa en taxi. Pero necesita dinero, y se acuerda de que hay un cajero en esa misma calle. Sin embargo, sabe que (7)_____ y decide que es mejor (8)_____. Supone que tiene un aspecto atractivo, porque delante del club otros tipos comienzan a flirtear con ella. Entonces decide (9)_____. Llama a un taxi desde (10)_____, pero antes de montarse (11)_____.

Acaba quedando con Tony, que la invita a cenar a su casa, pero ella (12)_____.

Ahora compara las respuestas de tu hija con las que se incluyen a continuación y revisa la situación para ver si ha conseguido que Zena llegue bien a casa. Explícale por qué estas estrategias son una apuesta segura.

1. llama a alguien por teléfono para que sepa que ya va hacia casa
2. silbato por si acaso lo necesita cuando esté sola
3. lo presenta al camarero y a sus amigas
4. lo rechaza porque no bebe nada que no haya visto abrir
5. se arriesga a ser desagradable porque sabe que su seguridad es lo primero
6. le pide el suyo
7. no es una buena idea sacar dinero por la noche
8. utilizar el dinero para emergencias
9. volver a entrar en el club
10. el bar
11. da al camarero o a sus amigas el nombre de la compañía de taxis a la que ha llamado
12. tiene por norma no ir a casas de hombres que no conoce, así que le propone quedar en un restaurante. Se lo pasan estupendamente, y Zena se siente bien porque sabe cómo cuidarse a sí misma

96. Llévala a clases de autodefensa

Las técnicas de autodefensa son fabulosas porque permiten a las niñas andar por el mundo con cautela pero sin temor. La primera vez que Carol, una enfermera de treinta y un años, vio a su hija de diez derribar a un hombre de setenta y siete kilos en una exhibición de aikido, comprendió lo que significaba criar a una niña fuerte.

Tanto en las ciudades como en los pueblos de tamaño medio existe la posibilidad de elegir entre distintas clases de autodefensa, por ejemplo de kungfu, kárate, judo, jujitsu, taekwondo, aikido o lucha libre. La disciplina que escoja tu hija dependerá en gran medida de su personalidad. Pide a tu marido, una hermana o los abuelos que la acompañen a unos cuantos sitios antes de que tome una decisión.

Los centros municipales, que suelen ofrecer cursos de artes marciales, son una alternativa excelente y más barata que los gimnasios privados. También puedes preguntar a un instructor si os haría un descuento en el caso de que organizaras un grupo. Si pones un anuncio en el boletín informativo de la escuela encontrarás muchos otros padres dispuestos a apuntar a sus hijas y a compartir las tareas de transporte. Aunque tu hija sea adolescente y no necesite que nadie la lleve, puedes sugerirle que vaya a las clases con una amiga.

Si se resiste a ir a un curso de autodefensa quizá puedas animarla viendo con ella la película *Tigre y dragón*, en la que los intrépidos personajes femeninos realizan saltos y patadas de kung-fu con una gran destreza. También podría leer la serie de libros para jóvenes de Francine Pascal sobre el tema. Aunque el lenguaje es a veces un poco ordinario (nada que no puedas oír en un vestuario de chicas), la heroína de diecisiete años, Gaia, que practica kung-fu, kárate, judo, jujitsu y lucha libre, refleja muy bien la idea de lo que significa no tener miedo al mundo. De hecho, Gaia se siente tan segura de sí misma que, para quemar calorías después de comer unos cuantos donuts, va por la noche a los parques para buscar cretinos dispuestos a abusar de las chicas y patearles los... En fin, dejaremos que tu hija y tú lo descubráis. A pesar de su actitud desafiante ante la vida, si tenéis suerte comprobaréis que en los cursos de artes marciales de tendencia feminista suele haber un ambiente más agradable.

97. Haz dramatizaciones para enseñarle a decir no a las drogas y el alcohol

Las dramatizaciones suelen consistir en actuaciones improvisadas en las que se representa a distintos personajes en una situación, y pueden ser muy divertidas. A los niños les encantan porque les dan la oportunidad de reírse de sus padres y manifestar algunas de las presiones que afrontan a diario. Y a los padres también les gustan porque creen que de ese modo controlan la vida de sus hijos. A la hora de considerar las graves consecuencias de algunas decisiones erróneas, te tranquilizará saber que tu hija y tú tenéis una estrategia para evitar problemas.

Para empezar le harás un gran favor si le explicas que no sólo las drogas ilegales son peligrosas. El alcohol está relacionado con muchas situaciones violentas. La gente que tiene instintos violentos, pero que se modera cuando está sobria, suele descubrir que el alcohol reduce su capacidad de control. Vuestras dramatizaciones deberían incluir casos que, además de preparar a tu hija para rechazar las drogas ilegales y el alcohol, puedan ayudarla a salir de situaciones problemáticas en potencia.

Dejando a un lado las risas y la diversión, el aspecto más importante de estos ejercicios es que, a pesar de las presiones de sus compañeros, tu hija sea capaz de tomar decisiones positivas. Algunos jóvenes comentan que, pese a las advertencias de sus padres, comenzaron a tomar drogas y alcohol para salvar las apariencias. Muchos habrían dicho no si hubieran sabido cómo hacerlo. Ésta es tu oportunidad para plantear situaciones que permitan a tu hija decir no y marcharse con el ego intacto.

Puedes presentar las técnicas de dramatización en una reunión familiar o después de comer con tu hija. Piensa en una situación que podáis escenificar. Por ejemplo, podrías decir: «Estás en una fiesta con tus amigas. Todas están fumando marihuana e intentan convencerte a ti para que también la pruebes». A partir de ahí representad vuestros papeles. Primero tú puedes interpretar el papel de tu hija y ella el de una de sus amigas. Luego intercambiad los papeles. Cuando te haya ayudado a comprender la presión que siente a veces podéis intentarlo de nuevo. Si hay más gente en casa, deja que otro miembro de la familia participe en la siguiente escena. Continúa planteando distintas situaciones hasta que tu hija encuentre formas de negarse, como por ejemplo: «No gracias, estoy bien» o «¿Estás de broma? Me gusta tener los ojos azules, no rojos». Es muy probable que a ella se le ocurran respuestas mucho mejores. Realiza estos ejercicios de dramatización de vez en cuando. Te alegrarás de haberlo hecho.

XIII. SEXUALIDAD POSITIVA

Enséñale a amarse

Sólo queremos que nuestras hijas sean «buenas» chicas, ¿verdad? ¿Pero implica eso que haya que negar los deseos sexuales? Tal vez por ese motivo preocupa tanto la educación sexual en las escuelas. Muchos padres que envían a sus hijas a centros donde se enseña educación sexual están en contra de que los profesores expliquen cómo se previenen los embarazos. Otros reconocen que les resulta difícil hablar de sexo con sus hijas. El precio de este silencio incluye un elevado índice de embarazos en adolescentes. Es evidente que los jóvenes no necesitan que les hablen de su sexualidad. Según una encuesta del Ladies' Home Journal, *hacia los trece años uno de cada doce niños ha dejado de ser virgen, y hacia los quince un tercio de las chicas y un 45 por ciento de los chicos han mantenido relaciones sexuales. Además, la mitad de los adolescentes han practicado sexo oral.[1] Negar la sexualidad es negar el propio cuerpo, y de ese modo se reduce el autocontrol. Por eso es tan importante que enseñemos a nuestras hijas a amar y respetar su sexualidad así como el resto de los aspectos de su cuerpo.*

98. Utiliza libros, vídeos y la televisión para hablar de sexo

Si quieres asegurarte de que tu hija no vea el sexo como algo «sucio» o como un tema que se debe evitar, hay una serie de libros para niños a partir de cuatro años que pueden ayudarte a hablar de este complicado asunto con más facilidad; consulta en tu biblioteca o en una buena librería. Busca uno que, además de ser ameno e informativo, no oculte ninguna verdad, como el hecho de que los adultos tienen relaciones sexuales porque son agradables.

Éste es el grado de sinceridad que deberías mantener, sean cuales fueren tus convicciones, si pretendes que tu hija aprenda a hablar de este importante tema. Durante su adolescencia puedes ver con ella alguna serie de televisión que refleje la vida de los adolescentes.

Aunque no somos partidarias de que se vea la televisión a todas horas, creemos que puede ser una estupenda herramienta educativa cuando da pie a los padres y a los hijos a comentar temas de actualidad. El principal objetivo es que tu hija tenga la oportunidad de conversar contigo sobre lo que hacen sus compañeros y las presiones que siente.

También es posible que en esas conversaciones tu hija te pregunte por tu vida sexual. No hace falta que desnudes tu alma; lo que busca es orientación. Pero si tienes remordimientos respecto a tu pasado intenta averiguar por qué.

Muchos padres que alcanzaron la mayoría de edad en los años del «amor libre» y tuvieron muchas parejas sexuales reconocen ahora que en esa época no había nada libre. Algunos matrimonios que se rompieron podían haber funcionado más tarde si los miembros de la pareja hubieran sido monógamos. A pesar de todo lo que se dice del amor libre, te costará encontrar a gente de esa época que cambiara de pareja a menudo y no sintiera tristeza entre una y otra. Aunque fueran libres para controlar los aspectos físicos del sexo, no podían controlar la decepción que sentían cuando se terminaban las relaciones. Este sentimiento de decepción está relacionado con nuestra fisiología. Cuando tenemos orgasmos nuestro cuerpo segrega oxitocina, una hormona que también se libera al amamantar y crea fuertes vínculos afectivos.

Si tienes remordimientos respecto a tu vida sexual podrías comentarle a tu hija que, teniendo en cuenta lo que sabes ahora del sexo, esperas que ella tome decisiones más inteligentes. Quizá quieras recomendarle que espere a casarse o a estar segura de que tiene una relación estable para compartir con alguien el regalo de su cuerpo.

Durante esas conversaciones anímala a hablar, pregúntale qué piensa de una situación determinada y de vez en cuando plantea unos cuantos términos que reflejen tu punto de vista. Cuando recuerdes esos momentos te darás cuenta de que tu principal propósito siempre ha sido que tu hija aprenda a respetar su cuerpo.

99. Intenta que se hable de la reproducción en las clases de biología

Como madre preocupada puedes participar en la confección del programa de estudios de la escuela de tu hija. Además de las clases de educación sexual —para enseñar a prevenir embarazos no deseados y enfermedades de transmisión sexual— la reproducción humana debería formar parte del programa académico de tu hija. De este modo comprenderá mejor la importancia del tema. A partir de quinto curso los niños pueden comenzar a descubrir el milagro de la vida con clases de biología celular, división celular sexual y asexual y reproducción y desarrollo animal, con un énfasis especial en la reproducción humana que incluya un repaso general de la anatomía y la fisiología de los órganos reproductores masculino y femenino.

Tal vez te interese indagar un poco para buscar escuelas en las que se utilice este enfoque. Si vas a una de esas clases, es muy probable que veas al profesor señalando un dibujo de los órganos reproductores femenino y masculino, y que los alumnos den muestras de haber memorizado todos los detalles: desde la vesícula seminal (que produce una sustancia para mantener vivo el esperma) hasta el útero. Saber con detalle cómo un óvulo acaba convirtiéndose en un bebé es la mejor manera de aprender educación sexual. Con este tipo de clases se desvela el misterio (pero no el milagro) de un tema que tendrá una influencia decisiva en la vida de nuestras hijas.

100. No niegues la posibilidad de los abusos sexuales

Shirley, una empleada de hogar de treinta y siete años muy trabajadora, se sentía feliz el día de la graduación de su hija, de veintiún años, a la que habían aceptado en una prestigiosa facultad de medicina. La joven estaba rodeada de gente que no dejaba de felicitarla, pero corrió hacia su madre para darle las gracias por haberla querido y apoyado durante años. Más tarde, cuando un reportero del periódico universitario le preguntó cómo había conseguido que su hija llegara tan lejos, en vez de dar una respuesta romántica dijo: «La he mantenido a salvo de los depredadores sexuales». Si te parece haber detectado un tono de enfado en sus palabras estás en lo cierto. Le ponen furiosa los padres que niegan los peligros que existen.

Shirley ha comprobado que para que las niñas se conviertan en mujeres íntegras sus padres deben defenderlas con ahínco. Se estima que una de cada cinco niñas ha sufrido abusos sexuales. En estos casos muchos padres suelen decir: «No sabía que estaba ocurriendo», pero no es una excusa aceptable. Por eso te recomendamos que tengas en cuenta esa posibilidad y que protejas a tu hija. A Shirley nadie la protegió.

De niña Shirley era una lectora empedernida que esperaba llegar a ser científica. A los catorce años ella y su madre dejaron Haití para vivir en Miami con unos parientes. Pero unos meses después todo cambió. Una prima mayor abusó de ella durante más de dos años prácticamente delante de su madre, pero la madre asegura que no sabía nada. Shirley acabó dejando los estudios, se marchó de casa y a los dieciséis años se quedó embarazada de su novio. Ahora dice: «El día que nació mi hija le prometí que nunca miraría hacia otro lado. No hay ninguna excusa. Si alguien pusiera un cuchillo en la garganta de una niña nadie diría que no ha visto nada».

Al mismo tiempo, Shirley considera importante que no infundamos temor a nuestras hijas. «No sospechaba de todo el mundo, pero nunca descarté la posibilidad de que pudiera ocurrir algo, y cuando creció le expliqué que había algunas manzanas podridas por ahí.»

Algunos dirán que su dolorosa experiencia le hizo pasarse de la raya. Pero la verdad es que para proteger a nuestras hijas de los abusos sexuales tenemos que estar un poco locas. Un error de cálculo puede ser peligroso. He aquí algunas sugerencias que te ayudarán a proteger a tu hija de los depredadores sexuales:

- Al comprobar las referencias de una posible cuidadora habla con los padres de otros niños a los que haya cuidado antes esa persona.

- Si dejas a tu hija en casa de una cuidadora o en una guardería, acostúmbrate a pasar por allí a horas imprevistas para comprobar cómo está la niña. Si no puedes salir del trabajo, pide a un amigo o familiar que lo hagan por ti.

- Si tu hija es aún pequeña no le quites la ropa para bañarla o acostarla sin su permiso, aunque tenga una rabieta. Si no sabe o no quiere hacerlo sola, pregúntale si puedes quitarle la ropa o lavar una zona determinada de su cuerpo. (En caso de que se niegue deja que duerma vestida.) De esa manera comprenderá que puede controlar lo que ocurra con su cuerpo.

- Ten en cuenta que las adolescentes suelen ser objeto de abusos. Haz dramatizaciones con tu hija para que aprenda a decir alto y claro: «Esto no me gusta, y quiero que lo dejes».

- Si de pequeña sufriste abusos sexuales haz todo lo posible para poner en orden ese aspecto de tu vida. Los padres que tienen traumas sexuales pendientes pueden hacer daño a sus hijos repitiendo con ellos las mismas pautas.

101 Enséñale a defenderse del acoso sexual

Un chico puede perseguir a una niña o hacer un comentario sobre el tamaño de sus pechos. También puede enseñarle fotos o dibujos obscenos o referirse a ella con términos ofensivos. Por desgracia, este tipo de cosas ocurren en cualquier escuela. Algunos chicos consideran estos actos hostiles como bromas, pero en realidad constituyen casos de acoso sexual. Muchos centros escolares han establecido una política de tolerancia cero, pero el respeto no se puede imponer. Y la mayoría de los profesores están demasiado ocupados para ver nada, excepto los casos más extremos de acoso.

«A veces los chicos son tan salvajes que cuando llevo a mi hija al instituto me parece que la estoy dejando a la entrada de una selva», dice Grace, madre de una adolescente de dieciséis años. «Cada vez que pasa un chico se toca la entrepierna y finge que está teniendo un orgasmo.»

A Grace le gustaría seguir un procedimiento establecido para afrontar este tipo de situaciones. Ha recomendado a su hija que informe a un profesor, y si no sirve de nada va a intentar pararle los pies al acosador. Ella y su hija han comenzado a registrar las fechas y los detalles de cada incidente, así como los nombres y los números de teléfono de los testigos. Si las advertencias no funcionan, Grace está dispuesta a hablar con el director, los padres del muchacho y la policía si fuera necesario. Pero siente que tiene las manos atadas. Como les ocurre a muchas niñas que sufren acosos sexuales, a su hija le dan miedo las represalias. «Me ha dicho que lo deje, pero lo está pasando fatal. Me gustaría retorcerle el cuello a ese bastardo.»

Esperamos que tu hija no se encuentre nunca en una situación similar, pero si así fuera apóyala si quiere tomar medidas y recuérdale que tiene derecho a recibir una educación en un ambiente sin hostilidades. Sin embargo, antes de que le ocurra nada puedes hacer dramatizaciones con ella para enseñarle a expresar su desagrado. Su respuesta inicial puede ser decisiva para que un chico siga acosándola o no. Explícale que debe mostrarse seria y contundente al decir por ejemplo: «¡Basta, eso no me gusta!», y que se puede sentir presionada por los mirones que se reirán de su situación.

Dile también que si el chico sigue molestándola, puede hablar con un grupo de amigos y compañeros para ver si estarían dispuestos a enfrentarse a él. De ese modo se sentirá más cómoda al plantarle cara y decir: «Les he contado a mis amigos lo que has hecho y tampoco a ellos les ha gustado. Si sigues con esto nos enfrentaremos contigo en clase o en el patio». Como es lógico, no debería hacer ninguna amenaza si su seguridad está en peligro.

Enfrentarse a un posible acosador respaldada por un grupo de amigos le dará un poder especial, y puedes imaginarte por qué. Si fuera una escena de una película sonaría una música mientras el grupo se acerca a ese tipo. La protagonista, en presencia de sus aliados, haría una declaración: que tiene derecho a estar allí con su cuerpo femenino y a que sus deseos se respeten. Y habría un alma emocionada viendo esa película, que en el momento culminante exclamaría: «¡Ésa es mi chica!».

CONCLUSIÓN
El poder del bien

Hemos intentado ayudarte a comprender cómo se puede educar a una niña para que se sienta en paz con su cuerpo. Pero queremos recordarte que ni siquiera toda la autoestima del mundo puede compensar el crecimiento moral y espiritual de tu hija. La palabra moralidad se suele emplear mal, como un látigo que causa dolor y vergüenza. Sin embargo, la moralidad no consiste en evitar ser malo, sino en discernir el bien y desarrollar hábitos que lo sustenten.

La benevolencia, por ejemplo, transmite humildad y gratitud. Aunque sea atractiva, una mujer arrogante puede no ser bella para quienes la rodean. Por otro lado, una niña que ha aprendido a aceptar a todo tipo de gente, sea cual sea su raza o religión, crecerá sintiendo que también ella es aceptada por los demás. Las niñas que han aprendido a apreciar el entorno natural se mueven con seguridad por el mundo, sabiendo que forman parte de un universo más amplio y que su existencia ha sido posible gracias a la evolución que ha tenido lugar durante millones de años.

En cuanto al crecimiento espiritual de tu hija, seas o no religiosa considera la idea de que el Creador está dentro de nosotros y en nuestro entorno. Si tu familia practica alguna doctrina religiosa, busca en esa tradición la manera de animar a tu hija a sentir la presencia de Dios en su interior. Esta creencia no es nueva. En la tradición judía, por ejemplo, los fieles piden a Dios: «Renueva dentro de mí un espíritu recto» (Salmos, 51). Y en la tradición cristiana san Pablo pregunta: «¿No sabéis que sois el templo de Dios y que su espíritu habita en vosotros?» (1 Corintios, 3:16). Aunque esas palabras fueron escritas hace mucho tiempo, desde entonces la ciencia ha confirmado el poder del espíritu. Como quizá sepas, los estudios indican que cuando la gente une su espíritu en oración puede conseguir resultados sorprendentes.

Es muy fácil demostrar que nuestro cuerpo está fortalecido por el espíritu que hay en nuestro interior. Si a tu hija le gusta pintar, por ejemplo, coge uno de sus pinceles y explícale que su última obra es el resultado del fuego creativo de su imaginación, aunque el pincel sea excelente. Si le gusta jugar al béisbol, señala su guante y dile que cogió la última pelota gracias a la fuerza y la energía de su cuerpo, no porque sea un buen guante. Dile que nuestro cuerpo tiene la misma relación con el espíritu. Nuestros cuerpos son los instrumentos de Dios, que infunde en ellos su espíritu divino.

También puedes plantear este tema con un toque de humor. Si tu hija tiene más de trece años puedes ver con ella la película *De vuelta a la Tierra*, protagonizada por Chris Rock. Después de pasar un buen rato puedes subrayar el mensaje esencial: aunque el personaje principal, un supuesto cómico con un gran corazón, cambia de cuerpo, la chica sigue amándole. Lo que cuenta es el espíritu.

Hagas lo que hagas para que tu hija comprenda la relación del cuerpo con el espíritu, esperamos que compartas nuestra opinión de que ésa es la clave de las 101 sugerencias de este libro. Si miras a los ojos de una niña con el espíritu intacto verás el futuro con esperanza. Te darás cuenta de que estás en presencia de una joven que tiene el poder de transformar el mundo según su visión del bien.

Nuestras hijas deben estar preparadas para afrontar este reto de un modo especial. Aunque los pronósticos sobre el potencial de las nuevas tecnologías en el ámbito genético y las aplicaciones informáticas sólo sean parcialmente correctos, la humanidad se dirige hacia una era en la que habrá que tomar importantes decisiones respecto a nuestra imagen y nuestro destino. Para resolver estas cuestiones hará falta algo más que una reflexión filosófica. La fortaleza y las cualidades que nuestras hijas aporten a estas cuestiones tendrán una influencia decisiva en el futuro.

Como líderes y madres del mañana, nuestras hijas deben aprender hoy a liberarse de las distracciones externas para poder buscar en su interior fuerza y sabiduría. Aunque la información del nuevo milenio les proporcione un amplio conocimiento del mundo, nuestras hijas siempre necesitarán una visión moral que las ayude a utilizar el poder que poseen. Si se sienten en paz con su cuerpo podrán centrarse en su identidad personal y reconocer las semejanzas que comparten. De este modo serán capaces de actuar en el nombre del bien para mejorar el mundo que está por venir.

NOTAS

INTRODUCCIÓN

1. *The Ad and the Ego*, transcripción del vídeo que se encuentra disponible en www.newsreel.org/transcri/adandego.htm, 23 de febrero de 2001.

2. Shaila K. Dewan, «Central Park Victims Describe Police Inaction on Pleas», *New York Times*, 13 de junio de 2000, disponible en www.archives.nytimes.com.

3. David Barstow y C. J. Chivers, «A Volatile Mixture Exploded into Rampage in Central Park», *New York Times*, 17 de junio de 2000, A1, B7.

4. Al Baker, «Sex and Power vs. Law and Order», *New York Times*, 28 de enero de 2001, 21.

5. Sara Shandler, *Ophelia Speaks* (Nueva York: Harper Collins, 1999), 4.

6. Leslie Berger, «A New Body Politic: Learning to Like the Way We Look», *New York Times*, 18 de julio de 2000, D7.

7. Martin M. Antony y Richard P. Swinson, *When Perfect Isn't Good Enough: Strategies for Coping with Perfectionism* (Oakland, Calif.: New Harbinger, 1998), 230.

8. Berger, «A New Body Politic: Learning to Like the Way We Look».

9. Dan Vergano, «There's Less of Miss America to Love», *USA Today*, 22 de marzo de 2000, 6D.

10. Sharon Begley, «What Families Should Do», *Newsweek*, 3 de julio de 2000, disponible en www.Newsweek.msnbc.com.

11. Vergano, «There's Less of Miss America to Love».

12. Antony and Swinson, *When Perfect Isn't Good Enough: Strategies for Coping with Perfectionism*, 40-41.

13. Sandra Lee Bartky, «Foucault, Femininity, and the Modernization of Patriarchal Power», en *The Politics of Women's Bodies: Sexuality, Appearance and Behavior*, editado por Rose Weitz (Nueva York: Oxford University Press, 1998), 28.

14.   Eric Nagourney, «Vital Signs: Passing Along the Diet-and-Binge Habit», *New York Times*, 3 de octubre de 2000, F8.

15.   Geoffrey Cowley, «Generation XXL», *Newsweek*, 3 de julio de 2000, disponible en www.Newsweek.msnbc.com.

16.   The Associated Press, «Extra Soft Drink Is Cited as Major Factor in Obesity», *New York Times*, 16 de febrero de 2001, disponible en nytimes.com.

CAPÍTULO UNO

1.   George Howe, «The Healing Power of Touch», *Life* (agosto 1997): 52.

2.   John O'Neil, «Less Pacifier Use, Fewer Ear Infections», *New York Times*, 12 de septiembre de 2000, F8.

3.   Gina Kolata, «While Children Grow Fatter, Experts Search for Solutions», *New York Times*, 19 de octubre de 2000, A26.

4.   Carolyn Hagan, «Come On Baby, Do the Locomotion», *Child* (septiembre 2000): 36-38.

5.   C. Claiborne Ray, «Science Q&A: Stroller Potatoes», *New York Times*, 5 de diciembre de 2000, disponible en www.archives.nytimes.com.

6.   Miriam Nelson, «Miracle Moves That Save Your Bones», *Prevention* (octubre 2000): 113.

7.   Ídem.

CAPÍTULO DOS

1.   Patricia Anstett, «Mature Girls, a Tangle of Unhealthy Behaviors», *Seattle Times*, 4 de febrero de 1998, disponible en seattletimes.nwsource.com.

2.   Julie K. L. Dam, «How Do I Look?» *People* (4 de septiembre de 2000): 114-118.

3.   Michelle Joy Levine, *I Wish I Were Thin, I Wish I Were Fat* (Huntington Station, N.Y.: Vanderbilt Press, 1997), 141.

4.   Michelle Healy, «A Better Life: Food Restriction Linked to Low Self-Esteem», *USA Today*, 9 de enero de 2001, 8D.

5.   Levine, *I Wish I Were Thin, I Wish I Were Fat*, 84.

6.   Amy Dickinson, «Like Mother, Like Daughter», *Time* (5 de febrero de 2001): 68.

7.   Arlie Hochschild y Anne Machung, *The Second Shift* (Nueva York: Avon Books, 1989), 3.

8.   Sandra Lee Bartky, «Foucault, Femininity, and the Modernization of Patriarchal Power», en *The Politics of Women's Bodies: Sexuality, Appearance and Behavior*, editado por Rose Weitz (Nueva York: Oxford University Press, 1998), 30.

CAPÍTULO TRES

1. Brenda Lane Richardson, «Let There Be Fathers: World Rediscovering Dad, the Nurturer», *Tribune*, 16 de junio de 1985, B5.

2. Kate Zernike, «Girls a Distant Second in Geography Gap Among U.S. Pupils», *New York Times*, 31 de mayo de 2000, B5.

3. Virginia Beane Rutter, *Celebrating Girls: Nurturing and Empowering Our Daughters* (Berkeley, Calif.: Conary Press, 1996), 66.

4. Sandra Lee Bartky, «Foucault, Femininity, and the Modernization of Patriarchal Power», en *The Politics of Women's Bodies: Sexuality, Appearance and Behavior*, editado por Rose Weitz (Nueva York: Oxford University Press, 1998), 34-35.

5. Leslie Berger, «A New Body Politic: Learning to Like the Way We Look», *New York Times*, 18 de julio de 2000, D7.

6. Judith Kaufman, «Adolescent Females' Perception of Autonomy and Control», en *Females and Autonomy: A Life-span Perspective*, editado por Margot B. Nadine y Florence L. Denmark (Boston: Allyn and Bacon, 1999), 49.

CAPÍTULO CUATRO

1. Michelle Joy Levine, *I Wish I Were Thin, I Wish I Were Fat* (Huntington Station, N.Y.: Vanderbilt Press, 1997), 68.

2. Betsy Cohen, *The Snow White Syndrome* (Nueva York: Macmillan, 1986), 33.

3. Daniel Goleman, *Emotional Intelligence* (Nueva York: Bantam Books, 1995), 100.

4. Anne Jarrell, «The Face of Teenage Sex Grows Younger», *New York Times*, 2 de abril de 2000, sec. 9, p. 8.

5. Mary Williams Walsh, «Summer Work Is Out of Favor with the Young», *New York Times*, 18 de junio de 2000, A1.

6. Colette Dowling, *The Frailty Myth: Women Approaching Physical Equality* (Nueva York: Random House, 2000), 53.

7. Dowling, *The Frailty Myth: Women Approaching Physical Equality*, xxi.

CAPÍTULO CINCO

1. Helen Cordes, «Caffeinkids' Parents Ignore Risks of Guzzling "Power" Drinks», *Portland Press Herald*, 17 de mayo de 1998, disponible en www.NorthernLights.com.

2. Kara Corridan, «Health and Safety Bulletin: News to Protect Your Child», *Child* (septiembre 2000): 30.

3. Jane E. Brody, «Added Sugars Are Taking a Toll on Health», *New York Times*, 12 de septiembre de 2000, F8.

4. Cordes, «Caffeinkids' Parents Ignore Risks of Guzzling "Power" Drinks».

5. Brody, «Added Sugars Are Taking a Toll on Health».

6. Cordes, «Caffeinkids' Parents Ignore Risks of Guzzling "Power" Drinks».

7. Roberta Smith, «Glossy Portrait of the Artist as a Young Woman», *New York Times*, 5 de julio de 2000, B5.

8. Gina Bellafonte, «Body Image Summit», *New York Times*, 27 de junio de 2000, B9.

9. Tamar Lewin, «Children's Computer Use Grows, but Gaps Persist, Study Says», *New York Times*, 22 de enero de 2001, A11.

10. Jane E. Brody, «Fitness Gap Is America's Recipe for Fat Youth», *New York Times*, 19 de septiembre de 2000, F8.

11. Robert Schwebel, *How to Help Your Kids Choose to Be Tobacco-Free: A Guide for Parents of Children Ages 3 Through 19* (Nueva York: Newmarket Press, 1999), 9.

12. Brad Evenson, «Candy Cigarrettes Used to Lure Children to the Real Thing», *National Post*, 4 de agosto de 2000, A1.

CAPÍTULO SEIS

1. Michael D. Lemonick, «Teens Before Their Time», *Time* (30 de octubre de 2000), 68.

CAPÍTULO SIETE

1. Linda Villarosa, «Evaluating Pains and Gains of Weight Lifting Regimen», *New York Times*, 29 de agosto de 2000, F8.

2. Jane E. Brody, «Fitness Gap Is America's Recipe for Fat Youth», *New York Times*, 19 de septiembre de 2000, F8.

3. Brenda Lane Richardson, *Guess Who's Coming to Dinner: Celebrating Interethnic, Interfaith, and Interracial Relationships* (Berkeley, Calif.: Wildcat Canyon Press, 2000), 6.

4. Natalie Angier, «Who Is Fat? It Depends on Culture», *New York Times*, 7 de noviembre de 2000, F1.

5. Mashadi Matabane, «Eating Disorders Begin to Plague Black Teens», *New York Amsterdam News*, 18-24 de enero de 2001, 37.

6. Brian Lanker, *I Dream a World: Portraits of Black Women Who Changed America* (Nueva York: Steward, Tabori & Chang, Inc., 1989), 140.

CAPÍTULO OCHO

1. Eric Nagourney, «Vital Signs: Sick in the Head, and in the Stomach», *New York Times*, 9 de septiembre de 2000, F8.

188

2. Linda Marsa, «Chest Concerns», *Seventeen* (julio 2000): 102.

3. Brenda Lane Richardson y Brenda Wade, *What Mamma Couldn't Tell Us About Love* (Nueva York: HarperCollins, 1999), 116.

4. Laura Day, *Practical Intuition in Love* (Nueva York: HarperCollins, 1998) 14.

5. Niravi Payne y Brenda Lane Richardson, *The Language of Fertility* (Nueva York: Random House, 1997), 147.

6. Erica Goode, «Women Are Found to Respond to Stress by Social Contact, Not by Fight or Flight», *New York Times*, 19 de mayo de 2000, A20.

7. Esta lista fue elaborada en parte por Charles Whitfield en *Healing the Child Within* (Deerfield Beach, Fla.: Health Communications, 1987), 84.

8. Michelle Joy Levine, *I Wish I Were Thin, I Wish I Were Fat* (Huntington Station, N.Y.: Vanderbilt Press, 1997), 73.

9. Dan Vergano, «There's Less of Miss America to Love», *USA Today*, 22 de marzo de 2000, 6D.

10. Esther Drill, Heather McDonald y Rebecca Odes, *Deal with It! A Whole New Approach to Your Body, Brain and Life as a Gurl* (Nueva York: Pocket Books, 1999), 185-186.

11. Martin M. Antony y Richard P. Swinson, *When Perfect Isn't Good Enough: Strategies for Coping with Perfection* (Oakland, Calif.: Harbinger Publications, 1998), 41.

12. «Poor Eating Affects Girl Athletes' Bones», *USA Today*, 7 de septiembre de 2000, 11D.

13. Martin M. Antony y Richard P. Swinson, *When Perfect Isn't Good Enough: Strategies for Coping with Perfection*, 41.

14. Esther Drill, Heather McDonald y Rebecca Odes, *Deal with It! A Whole New Approach to Your Body, Brain and Life as a Gurl*, 185-186.

Capítulo nueve
1. Jennifer Barker Woolger y Roger J. Woolger, *The Goddess Within: A Guide to the Eternal Myths That Shape Women's Lives* (Nueva York: Ballantine Books, 1987), 291.

2. Joan Borysenko, *A Woman's Book of Life: The Biology, Psychology, and Spirituality of the Feminine Life Cycle* (Nueva York: Riverhead Books, 1996), 53.

3. Jane Gross, «In Quest for the Perfect Look, More Girls Choose the Scalpel», *New York Times*, 29 de noviembre de 1998, que se encuentra disponible en www.archives.nytimes.com.

4. Susan M. Love y Karen Lindsey, *Dr. Susan Love's Breast Book* (Reading, Mass.: Perseus Books, 1990), 25.

5. Eve Ensler, *The Vagina Monologues* (Nueva York: Villard Books, 1994), 4.

6. Jane E. Brody, «What Could Be Good About Morning Sickness? Plenty», *New York Times*, 6 de junio de 2000, F7.

7. Michael Lewis, «Having Her Say at the See», *New York Times Magazine*, 4 de junio de 2000, 62-64.

8. John P. Conger, *The Body in Recovery: Somatic Psychotherapy and the Self* (Berkeley, Calif.: Frog Ltd., 1994), 62.

9. Christiane Northrup, *Women's Bodies, Women's Wisdom: Creating Physical and Emotional Health and Healing* (Nueva York: Bantam Books, 1994), 104.

10. Jeanne Elium y Don Elium, *Raising a Daughter* (Berkeley, Calif.: Celestial Arts, 1994), 20.

Capítulo diez

1. Patricia Anstett, «Mature Girls, a Tangle of Unhealthy Body Behaviors», *Seattle Times*, 10 de febrero de 1998, disponible en www.Northernlights.com.

2. Jane E. Brody, «Fitness Gap Is America's Recipe for Fat Youth», *New York Times*, 19 de septiembre de 2000, F8.

3. Eric Nagourney, «For Exercise, Every Minute Counts», *New York Times*, 25 de septiembre de 2000, F8.

4. Linda Marsa, «In Search of Sleep», *Child* (septiembre 2000): 118.

5. Nancy Hellmich, «A Teen Thing: Losing Sleep», *USA Today*, 28 de marzo de 2000, 1A.

6. Kate Stone Lombardi, «Stresses and Strains of Backpacks», *New York Times*, 16 de febrero de 2000, B8.

7. Las sugerencias 4-6 fueron inspiradas por una historia de Amy Fishbein, «Lighten Up», *Seventeen* (septiembre 1999): 146.

8. Jane E. Brody, «Fresh Warnings on the Perils of Piercings», *New York Times*, 4 de abril de 2000, F8.

9. Christine Fellingham, «Water Can Change Your Life», *O Magazine* (julio-agosto 2000): 136.

Capítulo once

1. Michiko Kakutani, «Hold the Pickles, Hold the Lettuce», en una crítica de *Fast Food Nation: The Dark Side of the All-American Meal*, de Eric Schlosser, *New York Times*, 30 de enero de 2000, E9.

2. Cindy Rodriguez, «Grade School Girls Gripped by a Fear of Being Overweight», *San Francisco Chronicle*, 31 de diciembre de 1998, A4.

3. Jane E. Brody, «Increasingly, America's Sweet Tooth Is Tied to Sour Health», *New York Times*, 21 de septiembre de 1999, F7.

4. Jane E. Brody, «Added Sugars Are Taking a Toll on Health», *New York Times*, 12 de septiembre de 2000, F8.

5. Associated Press, «Extra Soft Drink Is Cited as Major Factor in Obesity», *New York Times*, 16 de febrero de 2001, disponible en nytimes.com.

6. Mindy Sink, «Losing Meat, but Keeping a Child's Diet Balanced», *New York Times*, 25 de julio de 2000, D7.

7. Ídem.

8. Ídem.

9. Ídem.

10. Ídem.

CAPÍTULO TRECE

1. Daniel S. Levy, «Too Early Too Young», *Time* (5 de marzo de 2001): 78.